Gestión Del Tiempo

Iniciar una empresa a pesar de un horario abrumador a través de la implementación de prácticas de productividad

(Refinamiento persistente de las estrategias de tiempo, facilitando el logro de un equilibrio productivo)

Baltasar Amado

TABLA DE CONTENIDOS

Introducción 1

Tácticas Para Mejorar La Eficiencia En La Administración Del Tiempo En El Contexto Laboral 22

La Cantidad De Trabajo No Se Corresponde Necesariamente Con La Calidad Del Trabajo. 44

Que No Te Roben Tu Tiempo. No Les Debes Nada A Las Redes Sociales. Ponlas A Tu Servicio, No Te Pongas A Su Servicio 58

¿De Qué Manera Se Lleva A Cabo El Proceso De Toma De Decisiones En Nuestro Cerebro? 100

¿Se Hereda La Procrastinación? 142

Aprender A Decir No 164

Introducción

Dicho de otra manera, consiste en la conducta que se internaliza y ejerce de forma recurrente al relegar una responsabilidad o actividad de alta importancia, y en su lugar, realizar una tarea de menor envergadura o trascendencia.

Debe resaltarse que la diferimiento tiene repercusiones no solamente en las responsabilidades laborales o académicas, sino también puede manifestarse en nuestras actividades diarias, ya sea al llevar a cabo tareas domésticas, al abandonar hábitos como fumar, al hacer ejercicio e incluso en la toma de decisiones en nuestras relaciones personales.

El retraso no debe ser abordado de forma frívola o irónica, sino que merece una consideración seria que implique un examen y análisis exhaustivo que incluya reflexión, autoevaluación, tiempo, dedicación e incluso, en caso necesario, asistencia psicológica.

Después de haber presentado nuestra área de investigación, nos complace comunicar al lector que estos siete hábitos no se circunscriben únicamente a ser estrategias de gestión del tiempo o artimañas para aumentar la productividad. Además, ofrecen un enfoque imparcial para comprender detalladamente el fenómeno de la procrastinación, sus orígenes y cómo abordarlo desde su raíz, a través de hábitos que pueden generar beneficios de larga duración si se aplican a otros aspectos de nuestro día a día.

8 - Cómo maximizar la eficiencia del tiempo dedicado a actividades personales fuera del hogar.

1) Antes de proceder a la compra en el establecimiento de alimentos, se

recomienda elaborar un registro por escrito de los artículos necesarios y portar un utensilio de escritura, como un lápiz, bolígrafo o rotulador, para anotar los productos agregados al carro de compras y tomar notas sobre promociones especiales, recordatorios de futuras compras u otros aspectos pertinentes a considerar. Esta sencilla práctica puede derivar en un ahorro de varias horas al mes.

2) Se requiere que esta lista contemple todos los elementos que debas adquirir y que no estén disponibles en el supermercado, así como cualquier otra tarea que debas realizar durante esta ocasión de salida de tu domicilio. Un caso ilustrativo sería el siguiente: efectuar una parada en el taller de reparaciones con el propósito de recoger los zapatos que he dejado previamente para su reparación, cargar de combustible al automóvil, adquirir un

presente con motivo de un cumpleaños, y demás actividades por el estilo.

3) En el establecimiento de venta al por menor, le sugiero que consulte al personal sobre los períodos de menor concurrencia de clientes para llevar a cabo sus compras. Trate de visitar el lugar en esos momentos específicos con el objetivo de minimizar el tiempo de espera en las filas de pago, garantizar un espacio de estacionamiento para su vehículo y tener la facilidad de moverse sin inconvenientes con el carro de compras por los pasillos vacíos del lugar.

4) Si tus recursos económicos lo permiten, adquiere cantidades adicionales de los alimentos que consumes regularmente, así como productos de limpieza y otros elementos de uso frecuente. Mediante esta estrategia, podrás perpetuamente disponer de un stock y eludir la

imprevisibilidad asociada a la búsqueda de artículos agotados.

5) En lugar de dirigirse físicamente a la sucursal bancaria, le recomendamos hacer uso del servicio de banca electrónica o banca en línea. Le recomendamos que proceda a cargar de manera automática en su cuenta bancaria o tarjeta de crédito sus facturas, suscripciones y otros gastos que se repitan periódicamente.

6) Obtén productos mediante plataformas digitales, tales como supermercados en línea, establecimientos de regalos y proveedores de insumos para mascotas, entre otros. Se solicita a que los mencionados productos sean entregados en la comodidad del domicilio, en horarios que resulten convenientes para el cliente.

"7) Con el fin de mejorar la eficiencia en la gestión de los regalos ncecesarios a lo

largo del año, se sugiere utilizar diferentes estrategias, tales como:
- Pedir a otra persona que los compre en tu nombre." "- Requerir a otra persona que los adquiera en tu representación." "- Sugerir a otra persona que se encargue de adquirirlos en tu nombre.
Proceda a adquirir estos productos de manera anticipada, previo a su necesidad, otorgándose así la posibilidad de seleccionarlos con la debida antelación.
- Obtener varias unidades idénticas destinadas a diferentes personas de manera anónima pero con gustos similares. Adquirir múltiples copias idénticas con el propósito de distribuirlas entre individuos no relacionados pero que comparten intereses en común. - Obtener varias unidades idénticas con el fin de satisfacer los gustos similares de múltiples individuos que no tienen

conocimiento mutuo. - Adquirir múltiples artículos idénticos como obsequios para personas desconocidas pero con preferencias similares.

- Conceder contribuciones monetarias o cupones electrónicos obtenidos mediante plataformas en línea.

Es ventajoso disponer de papel decorativo con el propósito de envolver obsequios, así como de tener a mano lazos, cintas, sobres de diversos colores y tarjetas de saludo adecuadas para celebraciones como cumpleaños, aniversarios y festividades navideñas, entre otras.

Plan de Acción

Solicito amablemente que se confeccione un inventario completo y detallado de todas las labores pendientes, adquisiciones y compras que se deben llevar a cabo.

Por ejemplo:

Le instamos a crear una zona designada en su cocina específicamente para el almacenamiento de mayores cantidades de alimentos.

- Acondicionar una parte del garaje o del espacio de lavandería con el fin de utilizarlo como almacenamiento adicional para productos de limpieza. Nota para tener en cuenta: Es aconsejable evitar almacenarlos en cercanía de los alimentos, ya que existe un riesgo potencial de contaminación debido a la liberación de sustancias de limpieza, así como por la posibilidad de derrames o salpicaduras accidentales.

- Formalizar el registro de tu incorporación al programa de débito automático destinado al cumplimiento de tus compromisos periódicos (como los cargos por servicios públicos, cuotas de afiliación a clubes y colegios, y otros desembolsos análogos).

- Indagar acerca de dos comercios electrónicos que provean la opción de adquirir todos los artículos requeridos.

Solicito tu amable atención a las siguientes instrucciones: Te insto a que tomes apuntes tanto en papel como en dispositivo electrónico, con el objetivo de documentar todas las ideas que emerjan tras la lectura de este capítulo, con el fin de poder aprovecharlas en un futuro en tu vida personal.

MANTENGA EL IMPULSO

Corresponde a su responsabilidad hacer uso de todo lo aprendido y aplicarlo en su empresa, aprovechando la comodidad de su domicilio. Utiliza las ideas que encuentres como un estímulo para promover el crecimiento de tu negocio y, a medida que pase el tiempo, comenzarás a notar sus repercusiones.

La motivación puede desempeñar un papel crucial tanto en el avance de las empresas como en el crecimiento personal. Es fundamental tener en cuenta la relevancia de reservar un tiempo para ponderar acerca de aquello que le incita, y emplear los saberes obtenidos de dichos métodos para mejorar su enfoque y avivar el entusiasmo que experimenta hacia su empresa. El estímulo puede funcionar como un elemento crucial para dar inicio a su trayecto, no obstante, recae sobre su responsabilidad el mantenerse en dicho camino y perseverar en él.

2
El interés resulta fundamental

El factor determinante radica en exhibir un nivel apropiado de interés en su emprendimiento desde el ámbito domiciliario, ya que esto asegurará su logro. Si no siente apego por su hogar, carece de confianza en el servicio que brinda y no muestra entusiasmo al llevarlo a cabo, es muy probable que esté abocado al fracaso. En términos similares, esto es igualmente aplicable a los productos de marketing ofrecidos; en caso de carecer de una verdadera pasión por los productos que promociona y de no disfrutar vendiéndolos a sus clientes, sus posibilidades de éxito serán limitadas o nulas.

En una ocasión previa, tuve el privilegio de encontrarme en dicho lugar y logré llevar a cabo exitosamente dicha labor.

Desde que inauguró su empresa en su hogar, ha asistido diligentemente para realizar tareas laborales. En líneas generales, es plausible que experimentes una sensación persistente de aprensión al despertar, percibiendo la tendencia de buscar protección bajo las sábanas en lugar de confrontar la rutina al menos tres días por semana.

En determinadas circunstancias, uno siente el deseo de quedarse en su propia residencia. En consecuencia, a lo largo del resto del día, las perspectivas y desafíos relacionados con ser dueño de un emprendimiento desde el hogar le infunden la misma medida de entusiasmo que experimentó en el inicio de su empresa.

Podría resultar ligeramente excesivo. Después de iniciar un emprendimiento desde la comodidad del hogar y lograr un alto grado de prosperidad, muchos emprendedores se enfrentan a la decepción. Se plantea interrogantes a un gran número de individuos acerca de las medidas a tomar en el porvenir. Estos sujetos personifican a individuos del ámbito empresarial que han abrazado una mentalidad orientada hacia la experiencia y la competencia. De manera interesante, estos individuos experimentan fatiga hacia su objeto de éxito una vez que han alcanzado dicho logro. Esto se debe principalmente a la falta de motivación.

En efecto, es altamente probable que su empresa doméstica esté desempeñando las mismas funciones que ha venido llevando a cabo desde su creación. El aspecto crucial reside en ejecutar las labores de forma diferente, adecuándose y adaptándose en concordancia con el transcurso del tiempo. Si no lleva a cabo modificaciones periódicas que le permitan preservar el interés, es muy probable que caiga en una monotonía. Es esencial mantener un nivel de entusiasmo en el ámbito empresarial con el propósito de optimizar los resultados obtenidos.

Explora tu área de especialización y mantén tu enfoque en ella.
Es fundamental mantenerse alineado con su dominio particular, sin embargo, resulta indispensable diversificar de forma periódica los enfoques utilizados. Ciertos emprendedores que gestionan sus negocios desde la comodidad de sus hogares experimentan una sensación de poderío y autonomía al lograr sus objetivos de desarrollo en sus proyectos. Este es el motivo

Las compañías tienen la posibilidad de ampliar su presencia en mercados en los que poseen un conocimiento restringido.

Como alternativa adicional, se recomienda encarecidamente que los propietarios de empresas concentren aún más sus esfuerzos en las áreas en las que poseen un alto nivel de experiencia. Se podrá apreciar que los clientes evidencian un incremento en su claridad mental; su responsabilidad consiste en anticiparse a ellos, generando productos y servicios innovadores que despierten su entusiasmo como empresarios y, al mismo tiempo, impulsar la vitalidad del cliente.

No te conviertas en un simple negocio

A menos que tenga la intención de iniciar un negocio con el propósito de llevar a cabo una posterior venta, se sugiere dife

Al emprender con éxito un negocio desde la comodidad de su hogar, generará el interés de otros experimentados en el ámbito comercial, quienes le brindarán la posibilidad de adquirir su empresa. Varios empresarios podrían sentirse tentados a aceptar estas propuestas; sin embargo, se aconseja que las rechacen. No resulta satisfactorio administrar su empresa en beneficio de otra persona. Además, son limitadas las opciones disponibles para lograr una retribución más rentable que emprender un negocio propio, por lo tanto, los beneficios económicos no deberían constituir una motivación de primer orden.

Buscar personas con resiliencia en momentos de vulnerabilidad.
Como empresarios, sin duda somos personas de determinación. Sin embargo, ningún individuo cuenta con un dominio completo en todas las facetas del entorno empresarial. Dadas estas circunstancias, sería recomendable

considerar la contratación de personas que cuenten con habilidades más sólidas en las áreas de su empresa en las que usted evidencie vulnerabilidades.

Para mantener la pasión y el impulso, es esencial evitar el estancamiento al dedicar el tiempo precioso a tareas que se carece de habilidad o se desprecia realizar. Al reconocer y aceptar las propias limitaciones, y al contratar personas competentes que puedan realizar esas tareas con mayor eficiencia, se encontrará en una posición de libertad para centrar su atención en las áreas de su negocio que son más gratificantes para usted.

OFRECE INCENTIVOS
Resulta viable utilizar incentivos como una táctica para fomentar la motivación

de los empleados para desarrollar una actitud emprendedora y un fuerte compromiso hacia la organización. Esta estrategia contribuirá al adecuado desempeño del negocio a distancia, asegurando un entorno laboral favorable en el que todos los colaboradores demuestren un compromiso y entusiasmo sobresalientes para llevar a la empresa a su máximo potencial.

Una vez se hayan aplicado las correspondientes estrategias para reclutar personal con distintas habilidades, resulta imperativo promover la participación activa de dichos individuos, de manera que puedan aportar sus propias ideas con el fin de fortalecer la organización en el ámbito digital y consolidarse en su sector particular.

Hay muchas organizaciones que otorgan incentivos a sus empleados por fomentar la adquisición de nuevos clientes, así como por destacar y generar estrategias innovadoras que tengan un impacto significativo en la compañía.

Deberá estar preparado para afrontar una transición que tendrá lugar en un futuro próximo.

En última instancia, todos los dueños de empresas se enfrentan a cambios en su entorno familiar, transformaciones dentro de su organización o entorno, así como a la disminución de la salud o energía. En consecuencia, es crucial iniciar la expansión de su empresa mediante métodos remotos, considerando la incorporación de profesionales competentes que puedan ejecutar eficazmente su visión una vez que se desligue de la empresa en un futuro próximo.

Usted no solo experimentará el beneficio de rodearse de personas que compartan su visión y deseen el éxito de su empresa domiciliaria tanto como usted, sino que también estará implementando estrategias que evitarán una venta prematura cuando ya no sea eficiente ni esté preparado para ceder el control.

HAZLO DIVERTIDO

Si al llegar al lugar de trabajo se experimenta una atmósfera llena de felicidad y momentos agradables, resulta evidente que se está encaminando hacia una jornada laboral satisfactoria. Esto permite la acción de levantarse de la cama y encaminarse hacia el trabajo con resolución, listo para abordar de manera decidida cualquier obstáculo que se presente a lo largo del día. De hecho, experimentará el impulso de abandonar el lugar, independientemente de cuántas veces haya realizado dicha tarea en el pasado. Durante tu empleo, se espera que tengas expectativas diarias y, sin lugar a dudas, valorarás los logros evidenciados en tus informes de productividad.

Tácticas Para Mejorar La Eficiencia En La Administración Del Tiempo En El Contexto Laboral

Todos anhelamos incrementar nuestra eficiencia laboral. Tenemos conocimiento de que el incremento en la productividad laboral se correlaciona con un aumento en los beneficios económicos de la empresa.

Es un anhelo inherente a cada individuo el buscar destacar en su labor o profesión con el fin de lograr un sentido de plenitud personal. Y cuando somos eficientes, el progreso fluye de manera óptima.

En el ámbito laboral, demostrar un alto nivel de productividad es la estrategia más efectiva para destacar entre los demás profesionales, distinguirse de los colegas y situarse en la posición privilegiada por encima de todos. Los siguientes consejos que presento ofrecen una garantía de completo éxito en tu labor, independientemente de tu área de especialización. Si continúas adhiriéndote rigurosamente a estas rutinas, te verás inmerso en un nuevo horizonte repleto de oportunidades, dado que las personas más productivas son asimismo las más solicitadas en el entorno laboral.

El mismo principio se aplica en el caso de ser autónomo y poseer tu propia compañía. Mediante la aplicación de estas técnicas, serás capaz de establecer una ventaja competitiva, dado que nadie más será capaz de igualar tu nivel de desempeño.

Identificación de intervalos de tiempo.
La productividad se deriva de una estrategia de planificación efectiva. No deberías desempeñar horas adicionales diariamente. En este punto, se le otorga prioridad a la organización. Le ruego que dedique 30 minutos los días lunes para establecer las prioridades de sus tareas y proyectos a lo largo de la semana. ¿Cuáles son los dos principales objetivos que debe abordar en los próximos siete días? Dé prioridad a los proyectos de mayor relevancia.

Utilice el calendario para establecer un período en el cual usted debe completar sus tareas. Igualmente, planifica meticulosamente los plazos y horarios que destinarás a tus proyectos más cruciales, a fin de evitar que el tiempo sea dilapidado por otros compromisos. En ocasiones, será necesario manifestar una cierta flexibilidad con respecto al itinerario debido a circunstancias imprevistas, aunque esto debe ser considerado como una excepción y no como una norma habitual. Respeta tu agenda.

Establezca una rutina y manténgala

La persona humana reverencia las rutinas. Nos agrada adherirnos a un programa. Incluso aquellos de naturaleza más desafiante lo hacen, aún cuando no son conscientes de ello. Gran parte de las actividades que llevas a cabo a lo largo del día se enmarcan en un modelo de comportamiento que has reiterado durante los últimos meses o años.

Al establecer rutinas, aumentamos la eficiencia en la finalización de tareas, dado que evitamos la necesidad de reflexionar sobre nuestras acciones y nos enfocamos en la ejecución automática. Esto nos proporciona una ventaja temporal, la cual es nuestro objetivo.

Esto podría resultar de utilidad en el contexto de las labores recurrentes de la oficina que carecen de una gran relevancia. Te insto a seleccionar una rutina laboral que se adecue a tus necesidades. Tomemos como ejemplo el hecho de que, una vez que hayas finalizado tu rutina matutina de preparación, te resulte conveniente dedicar tiempo para revisar y responder a todos aquellos correos electrónicos que aún no has atendido. A continuación, puedes llevar a cabo una revisión exhaustiva del material que expondrás durante las reuniones que has programado para el día. La siguiente etapa consistiría en emprender tu proyecto de mayor importancia, seguido de la ejecución de las labores de menor envergadura. Si perseveras en la aplicación diaria de estos pasos, tu cerebro se volverá habituado a la misma rutina, lo que facilitará enormemente la ejecución de dichas acciones.

Administra eficientemente tu tiempo

Tal vez percibes que posees una habilidad notable para el orden en tu ámbito laboral, sin embargo, a la conclusión de la jornada, te encuentras con tareas pendientes. Resulta necesario mantener un registro meticuloso de la duración de cada tarea para así poder analizar de manera sistemática la progresión semanal.

Supervisa todas tus actividades, desde la gestión de los tiempos de respuesta en los correos electrónicos hasta la organización de reuniones con tus colegas para proyectos nuevos u otras circunstancias laborales en las que te encuentres. Esta herramienta te posibilitará determinar cuánto tiempo dedicas a cada actividad y, posteriormente, realizar los ajustes necesarios.

Sería aconsejable que busques una aplicación que te permita registrar tu tiempo o, en caso de preferir métodos más tradicionales, emplees un cuaderno para llevar un seguimiento de dicha información. Me di cuenta de la considerable cantidad de tiempo que invertía en la lectura y respuesta de correos electrónicos irrelevantes, así como en conversaciones triviales con mis colegas de trabajo.

Esta estrategia es sumamente eficaz para maximizar el aprovechamiento del tiempo.

Ten en cuenta que eres un experto en tu campo

A todos nos complace recibir reconocimiento por nuestra competencia y habilidad en nuestras respectivas áreas de especialización. Para lograrlo, es imperativo que nos conduzcamos de acuerdo a esa norma. Me agrada cuando las personas optan por posponer sus labores más prioritarias hasta el momento del día en el que experimentan un mayor nivel de vitalidad (a veces, después de tomar el café vespertino). Sin embargo, no es prudente aguardar siempre a alcanzar una condición óptima para iniciar una tarea.

Por favor, proceda a dar el primer paso y realice la tarea en cuestión. Por favor, tome asiento frente al ordenador y comience a trabajar en este importante proyecto. Eso hacen los profesionales.

Agrupa integralmente los datos requeridos para completar la tarea y aparta todas las distracciones, tales como el dispositivo móvil o la correspondencia electrónica.

El principio de Pareto

El Principio de Pareto es reconocido como la ley del 80/20, lo cual implica que el 80% de los resultados se derivan del 20% del esfuerzo invertido. Continuar adhiriéndote a este concepto te permitirá mantener un enfoque incisivo en las tareas de mayor relevancia, lo cual generará resultados superiores.

Concéntrate en aspectos fundamentales y no te preocupes tanto por los pormenores.

Por ejemplo, en vez de emplear una cantidad excesiva de tiempo en perfeccionar el correo electrónico que se ha de enviar a los colegas referente a la reunión programada para el día, se puede optar por hacer uso de viñetas con el fin de resaltar los puntos que deben ser tratados en conjunto como equipo. Posteriormente, proceder a llevar a cabo otras actividades.

Por favor, asegúrese de mantener el equilibrio.

Reitero la relevancia del reposo como una vía para calmar la mente, recobrar energías y retomar las labores. Si en tu ocupación laboral te es permitido disfrutar de pausas durante el transcurso de la jornada, te recomendamos que las aproveches. Por favor, erguido y emprende un recorrido a tu alrededor. Sería posible que salieras al exterior para disfrutar de un poco de aire fresco. Además, resulta crucial que observes y honres tu día de reposo. Disfrute del tiempo socializando con amigos y seres queridos a través de actividades que estén completamente desconectadas de su ámbito laboral.

Esta oportunidad te brindará la posibilidad de regresar al trabajo con una renovada sensación de satisfacción y alegría, preparado para enfrentar nuevamente los desafíos con toda tu energía. De esta manera, otorgas un espacio adecuado para que tu mente pueda reflexionar y encontrar las soluciones pertinentes a los desafíos que eventualmente surjan en tu entorno laboral. Cuando regreses, es posible que ya hayas encontrado la solución.

Séptima clave: Familiarízate con la habilidad de dar prioridad.
Es posible que lo que a continuación voy a expresar pueda resultarle desagradable, no obstante, debemos llevar a cabo acciones que no nos complacen si aspiramos a lograr transformaciones y alcanzar la vida que anhelamos. Debes tomar una decisión; no es posible abarcar todas las opciones, y así es como es.
Cuando se pretende abarcar todas las tareas, al final no se logra cumplir ninguna, uno tiende a dispersarse.

En este momento, una noticia más alentadora se presenta: tomar una elección no implica necesariamente renunciar a algo, sino más bien aplazarlo, e incluso adelantarlo si se dispone de tiempo suficiente. Como hemos observado previamente, si nos organizamos adecuadamente con suficiente antelación, es muy probable que contemos con espacio temporal adicional para llevar a cabo otras actividades.

No se experimentará ningún sentimiento de decepción, mientras que la sensación de logro será aún mayor debido al avance alcanzado. Consiste en centrarse en dos o tres objetivos y establecer prioridades en función de esas metas. Como consecuencia, experimentarás una mayor concentración, lograrás alcanzar tus objetivos y en un corto período de tiempo podrás retomar esa actividad que previamente tuviste que posponer.

Asimismo, en caso de perder el enfoque y no establecer las prioridades adecuadas, existe la posibilidad de que no cumplas tus compromisos con terceros, lo que implica desperdiciar tu tiempo y el de ellos (tal y como se expuso en el quinto punto clave de los principios para combatir la pérdida de tiempo). Esto, a su vez, podría resultar en una percepción negativa de falta de profesionalismo y, en consecuencia, disminuir el interés de otros en colaborar contigo.

Te sugiero que priorices inicialmente las tareas más relevantes en función de tus objetivos y, en el caso de que aún dispongas de tiempo, puedes incluir en tu planificación otras tareas, incluso en intervalos de tiempo reducidos. No obstante, recuerda tener presente, tal como te mencioné previamente, la importancia de reservar un margen de tiempo suficiente en tu agenda para su correcta organización.

Octava recomendación: mantener una alta eficiencia (siguiendo el principio de Pareto)

Para lograr un alto grado de eficacia, es necesario distinguirla de la eficiencia, ya que aunque comúnmente se les atribuye un significado similar, son conceptos que se distinguen ampliamente.

Para lograr la máxima eficacia es crucial alcanzar las metas y objetivos establecidos. No obstante, la eficiencia, de la cual estoy tratando aquí, se refiere a la habilidad de alcanzar una meta en un período de tiempo reducido o con un uso mínimo de recursos.

Por consiguiente, este constituye uno de los procedimientos para adquirir habilidades eficientes y poner en práctica el principio de Pareto, también conocido como la regla del 80-20. Esta regla se aplica en diversos ámbitos, como la distribución de la riqueza, donde el 20% de la población controla el 80% de los recursos económicos y el poder, mientras que el restante 80% de la población se reparte el 20% restante.

Sin embargo, en este contexto se trata de la gestión del tiempo y la eficiencia, es decir, de lograr que el 20 % de tus acciones generen el 80 % de tus resultados. Concéntrate y dirige tu atención hacia aquellas actividades que conllevarán a resultados más significativos y favorables en la consecución de tus metas.

Novena clave: Evite intentar realizar todas las tareas todos los días.

Esta constituye una de las grandes equivocaciones que se suelen cometer, y por la cual las personas dedican una considerable parte de su tiempo en movimiento constante.

Desean realizar todas las tareas diariamente, lo cual, además de ser irrealizable, resultará en un elevado nivel de estrés que perjudicará tu bienestar físico y mental. Asimismo, esto sin mencionar el sentimiento de frustración al finalizar el día al no haber cumplido con las metas establecidas.

Te ganarás una reputación negativa en todos los círculos, debido a tus constantes retrasos en compromisos. Estas demoras suelen ser ocasionadas por contratiempos inesperados, los cuales interrumpen el flujo normal de las cosas. Además, dado tu agenda tan ocupada, te verás obligado a abandonar cada lugar antes de tiempo para llegar tarde al siguiente, lo cual proyectará una imagen muy poco favorable tanto de ti como de tu empresa.

Es importante gestionar los horarios de manera equitativa, ya que es posible que determinadas actividades no requieran ser repetidas más de una vez a la semana, o incluso, tres veces en la semana. Quizás, incluso en intervalos mensuales, es imperativo asegurar una regularidad en la frecuencia.

La mejor opción, como mencioné inicialmente, sería que te planifiques con un número limitado de actividades diarias y con un amplio margen de tiempo para llevarlas a cabo. De esta manera, si aún te queda tiempo disponible, podrás añadir actividades adicionales de manera improvisada.

Además, podrías aprovechar los períodos de inactividad, como el tiempo en el autobús o en la sala de espera de un abogado o médico, o mientras esperas una cita que se demora, para leer un libro, escuchar material de formación en audio, administrar tus correos electrónicos y redes sociales desde tu dispositivo móvil.

10ª Clave: Tenga cuidado con la creencia de terminar todo lo que se inicia.

Esta es una convicción que nos ha sido inculcada en la educación convencional. Supongo que también evocas aquellos momentos cuando te lo mencionaban en la escuela o tus progenitores.

Y adecuado, no afirmo que se equivoque por completo, ya que si en verdad esa actividad que estamos llevando a cabo nos conduce directamente hacia nuestros objetivos, es necesario proceder y concluir aunque no nos agrade.

Sin embargo, ¿Qué ocurre cuando se trata de concluir una novela que estamos leyendo y nos resulta tediosa? ¿Acaso verdaderamente te conduce hacia el logro de tus objetivos? Experimentas aburrimiento y, además, estás desperdiciando valiosas oportunidades para llevar a cabo actividades potencialmente más estimulantes.

Por lo tanto, a partir de este momento, cuando te encuentres ante la tarea de completar aquello que has comenzado, asegúrate de que se trata verdaderamente de algo que contribuye directamente a la realización de tus verdaderos objetivos.

Sería recomendable llevar a cabo una reflexión en la que se analicen las actividades que se están realizando actualmente sin obtener beneficio alguno y, además, carecen de interés. A continuación, proceda a suprimirlas de su lista de tareas.

Únicamente experimentar la sensación de alivio conllevará tu liberación, sin mencionar el tiempo que te proporcionará para llevar a cabo actividades más provechosas.

Recuerdas el principio de Pareto del que conversamos en la octava clave? Esta clave está estrechamente relacionada, sin embargo, su impacto es incluso más desfavorable, ya que nos referimos en este caso a actividades que no contribuyen en absoluto, en contraste con el 20% mencionado anteriormente, mientras que además consumen un tiempo de gran valor.

Generar pensamientos de creencia

Solicito encarecidamente que dediques un breve lapso de tiempo a reflexionar sobre todos aquellos temores fantásticos, generados por tu propia imaginación, que han arraigado en tu mente. En este momento, considera la posibilidad de liberarte del miedo y reconocer que eres capaz de alcanzar cualquier objetivo que te propongas. Imagina cómo sería tu existencia si todas las oportunidades estuvieran a tu alcance.

Estoy firmemente convencida de que si adoptaras esa mentalidad de manera constante en tu día a día, experimentarías una transformación radical en tu vida. Recordar, al igual que la mente posee la capacidad de generar pensamientos basados en el miedo o la aprehensión, también posee la capacidad de generar pensamientos basados en la fe y la confianza, los cuales resultan fundamentales para alcanzar todo aquello que es de vital importancia para ti. Corresponde a tu propia determinación el decidir qué pensamientos generar, ya que es tu mente la que producirá lo que le indiques. Por lo tanto, debes dictarle pensamientos que te sean provechosos, evitando aquellos que te resulten perjudiciales. El temor debilita, mientras que la creencia fortalece y engrandece.

Tenga en cuenta que si se deja dominar por el miedo, este minará su fortaleza y, como resultado, estará incapacitado para tomar acciones. Sin acciones, no podrá alcanzar resultados positivos, lo que a su vez impedirá su crecimiento y evolución personal. Si no progresa, sufrirá frustración y nunca podrá hacer realidad la vida de sus sueños.

No se puede alcanzar una existencia plena y llena de alegría si el miedo te inmoviliza; es imperativo no permitir que el temor dicte los designios de tu porvenir.

Estoy convencida de que ya has sido previamente informado sobre esto o te han comunicado, mantén la confianza, ya que será necesario que vuelvas a recibir la información. Mantén la esperanza, ya que carecer o renunciar a ella constituye una experiencia sumamente desfavorable.

En momentos en los cuales experimentes avasallamientos de dificultades que puedan desalentarte, mantén la confianza, a pesar de que inicialmente puedas no divisar una salida. No obstante, es imperativo comprender que las circunstancias son susceptibles de cambio; en ocasiones, la asistencia y la resolución pueden surgir de fuentes inesperadas.

La fe constituye el terreno propicio para el florecimiento de las semillas, ya que su pérdida implica perderlo todo, dado que la ausencia de fe conduce inevitablemente a la resignación. La falta de fe conlleva a la ausencia de esperanza y, por ende, a la inexistencia de un porvenir prometedor. A medida que continúes respirando, siempre existirán oportunidades. Cuando uno posee confianza en sí mismo y se aferra a la fe, los temores naturalmente se disipan. A menudo, basta con creer en la plausibilidad de cualquier cosa y en la eventualidad de milagros.

Mi recomendación es que consideres que todas las situaciones ocurren por un motivo y que, en última instancia, siempre habrá un desenlace favorable. Normalmente, la vida sigue su curso según las pautas establecidas que le corresponden.

Aquel que no comete errores es un individuo que no posee conocimiento sobre cómo vivir plenamente, es una entidad que se encuentra estancada en su existencia. Únicamente aquellos que se esfuerzan por mejorar, vivir de manera más satisfactoria y adquirir nuevos conocimientos, experimentan equivocaciones y extraen aprendizajes positivos de cada una de ellas. Cada error representa una oportunidad de aprendizaje que nos impulsa hacia adelante.

Considera esto: en la vida, para alcanzar nuestras metas y objetivos, inevitablemente deberemos enfrentar la circunstancia de asumir riesgos. Aquellos que no se atrevan a hacerlo, se verán impedidos de llegar al lugar al que aspiran y se verán obligados a aceptar una existencia repleta de desilusiones y contratiempos.

Comprendo que estás atravesando un momento sumamente desafiante. Sin embargo, te insto a considerar lo siguiente: "aquello que te parece una tragedia en este momento, podría convertirse en una bendición significativa en el futuro". Te animo a no desviarte del rumbo y a perseverar, ya que el éxito suele estar reservado para aquellos que perseveran. Es posible que no visualices la forma en la que puedas alcanzar tus deseos o llegar al destino que anhelas; no obstante, puedo asegurarte que si perseveras y continúas perseverando, inevitablemente encontrarás aquello que estás buscando. Tomo la libertad de expresar que la mera aspiración o anhelo de que las circunstancias evolucionen o transformen carece de eficacia práctica. Aquello que verdaderamente genera resultados es llevar a cabo las tareas, y lo que verdaderamente transforma vidas es la ejecución de acciones. Haz frente a tus temores y desata el potencial que reside en tu interior. Ten el coraje de liberarte de tus restricciones y experimenta la vida sin fronteras.

Mi sincera esperanza es que este libro logre una transformación positiva dentro de ti. Por esta razón, todo lo que voy a compartir en los próximos capítulos está destinado a ayudarlo a superar el miedo y liberar la grandeza que reside dentro de usted. Tengo conocimiento de que este enfoque es efectivo, ya que personalmente me ha dado resultado. A través de los métodos que ahora voy a compartir contigo, he logrado controlar el temor. Una persona en su entorno

El momento actual me ha brindado una oportunidad para liberarme, y ahora es mi turno de poder asistirte a ti, con el propósito de que tú también te liberes y te desenvuelvas con naturalidad.

La Cantidad De Trabajo No Se Corresponde Necesariamente Con La Calidad Del Trabajo.

En la actualidad, contamos con la posibilidad de aprovechar la tecnología en nuestro beneficio y, asimismo, desempeñar nuestras labores desde la comodidad de nuestro hogar. Según cuál sea tu actividad principal. He tenido la oportunidad de conocer a numerosas personas que ostentan su habilidad para dedicar extensas jornadas laborales de 12 horas, así como por su constante puntualidad en el trabajo, su capacidad de mantener la compostura ante sus superiores, su impecable asistencia, su compromiso ininterrumpido de proveer para sus hogares y, en general, se enorgullecen de llevar una vida de arduo esfuerzo, comparable al de burros o caballos de arado. A pesar de que profeso mi respeto hacia esta concepción de la existencia, que enfatiza la idea de que el trabajo otorga dignidad al individuo y que resulta sumamente gratificante tener una ocupación que colme nuestras expectativas, no comparto la perspectiva de laborar incansablemente.

Me gustaría establecer una correlación entre este punto y el mencionado anteriormente: las personas que carecen de la capacidad de dormir temprano pero que, sin embargo, muestran altos niveles de responsabilidad están predispuestas a someter su cuerpo a mayores niveles de tensión en comparación con la persona promedio. En consecuencia, esta forma de trabajo finalmente cobra su precio, inevitablemente cobrando un precio.

La cantidad de trabajo no necesariamente se traduce en calidad laboral, por lo tanto, es imperativo desterrar de nuestro pensamiento dichos conceptos obsoletos propios del siglo XX, ya que nos encontramos en una nueva era. Durante el tiempo en que nuestros progenitores y ancestros vivieron, el sistema económico estaba concebido de tal manera que las personas eran remuneradas proporcionalmente a la cantidad de esfuerzo que invertían, incluso aquellos individuos con una educación universitaria. Sin embargo, en la actualidad, se disponen de múltiples opciones para obtener ingresos de manera más sencilla. No quiero que haya una interpretación errónea, no estoy a favor de obtener dinero fácilmente, sino a favor de maximizar los beneficios en relación al tiempo invertido en esa actividad.

Hay ocupaciones como el gestor de comunidades en línea que no demandan la necesidad de desplazarse fuera del hogar. En el contexto de un empleo convencional, se asignaría una hora al desplazamiento hacia el lugar de trabajo y otra hora para el retorno al hogar. Este constituye un inequívoco ejemplo que evidencia la actualidad que experimentamos en la contemporaneidad. Las oportunidades de empleo nos ofrecen una mayor variedad de opciones para crecer profesionalmente en diferentes campos, superando con creces las profesiones que eran desconocidas hasta el presente.

El tiempo que invertirías en desplazarte podría ser empleado en adquirir una nueva destreza, como el aprendizaje de un nuevo idioma, o en disfrutar de momentos de convivencia con tu familia. Continuar adhiriéndonos a los convencionales paradigmas de generación de riqueza nos restringe en nuestra capacidad potencial. Por lo tanto, dedicarse arduamente a una labor no garantiza el éxito en la vida, si bien puede derivar en ganancias económicas, estas pueden resultar insuficientes y se corre el riesgo de que no se reconozca la calidad de nuestro trabajo, o que otra persona se lleve el reconocimiento a nuestro esfuerzo. Resulta desafortunado, pero existe un considerable número de individuos que expresan su insatisfacción ante la falta de reconocimiento por parte de sus superiores en el ámbito laboral, o la sensación de no ser valorados, a pesar de realizar un trabajo de calidad que no es debidamente comprendido. Ha llegado el momento de considerar la necesidad de reevaluar los principios tradicionales en torno al trabajo, ya que estos podrían resultar insuficientes para brindarte seguridad financiera y soluciones inmediatas. Antes de lograr la estabilidad que anhelas, podrías verse en la encrucijada de tener que comprometer concesiones significativas en términos de salud o bienestar familiar, llegando incluso a sacrificios extremos. Todo lo expuesto previamente constituye tan solo una fracción del asunto en cuestión.

Existe otro grupo de individuos que encuentran placer en su trabajo y realizan únicamente lo necesario para evitar ser despedidos. Sin embargo, te insto a no ser parte de ellos, ya que si lo haces, podrás unirte a aquellos que tienen la fortuna de contar con un empleo que realmente disfrutan.

Aproveche los momentos de inactividad y genere tiempo.

En el transcurso habitual de la vida diaria de un individuo de clase media, se presentan numerosos lapsos de inactividad en los cuales observo que las personas no aprovechan para aumentar su calidad de vida o mejorar su situación. A continuación, proporcionaré algunos ejemplos sobre la óptima utilización de tus recursos inactivos, confiando en que encontrarás alguna aplicación práctica.

Si dispones de un automóvil y disfrutas de la conducción, es altamente probable que inviertas bastante tiempo en tus trayectos hacia el trabajo. En vista de ello, te sugiero considerar la adquisición de un libro en formato de audio con el fin de enriquecerte intelectualmente durante dichos desplazamientos. Soy consciente de que puedes argumentar que eso no se considera leer, sin embargo, hay numerosas formas de literatura en el mundo que nunca podremos asimilar en nuestra mente debido a las limitaciones de tiempo disponibles. No obstante, frecuentemente estamos dispuestos a dedicar este período de tiempo a la audición reiterada de noticias relativas a homicidios o a políticos involucrados en actos de corrupción, así como a problemas sociales que afectan a regiones distantes de nuestro planeta. Damos nuestra preferencia a la familiaridad y la rutina en vez de enriquecer nuestra mente con conocimiento sustancial, que en última instancia podría ser adquirido a través de la lectura de un libro. En última instancia, se trata de datos que pueden ser asimilados por nuestra mente. En caso de que poseas una gran pasión por la lectura en formatos impresos, me gustaría solicitar que en lugar de considerar esta actividad como un simple acto de leer, la percibas como una oportunidad para adquirir conocimiento que potencialmente podría ser de gran utilidad en distintas áreas de tu vida, ya sea en el ámbito laboral, familiar o de pareja. Siempre puede surgir la eventualidad de que te encuentres con alguien que te resulte interesante y, además, haya tenido la oportunidad de leer la misma obra literaria que tú escuchaste. De este modo, podrían entablar una conversación acerca de dicho libro sin necesidad de que expreses haber adquirido conocimientos de la historia a través de un libro grabado en audio. Además, resulta frecuente que las personas opten por reproducir de manera repetida las mismas canciones que solían escuchar durante su adolescencia. Aunque concuerdo en que la rememoración es gratificante, difiero respecto a la afirmación de que recordar es vivir, puesto que la existencia se experimenta en el presente. No podemos aferrarnos al pasado ni anticipar con certeza el futuro, por lo tanto, este ciclo incesante de reproducir las mismas canciones en el automóvil solo está limitando nuestra capacidad de ampliar nuestra cognición y adquirir nuevos conocimientos. El mismo principio se aplica a aquellas personas que cuentan con servicios de cable y deciden ver una película que ya han visto previamente. Quizá tengas la oportunidad de presenciar una película que anteriormente contemplaste hace un prolongado período de tiempo, con el fin de interactuar con otra individuo. No obstante, retomar la experiencia de visualizar una película constituye una inversión sin retorno, sin provecho alguno.

Si compartes mi preferencia por utilizar el transporte público para ir al trabajo, te sugiero aprovechar ese tiempo para revisar tus correos electrónicos y así adelantar tu carga de trabajo. Es importante evitar utilizar la primera hora de tu jornada laboral para revisar los correos electrónicos. De esta manera, podrías salir puntualmente a la hora estipulada en tu trabajo, o incluso convertirte en un empleado más productivo. Con el tiempo, podrías considerar solicitar un aumento salarial, ya que estarías demostrando una mayor productividad en comparación con tus compañeros de trabajo.

¿Estás informado de que un reciente estudio realizado por la Universidad de Cambridge ha concluido que el 70% del tiempo durante la primera hora de trabajo se destina a la revisión de correos electrónicos? Esto refleja una inversión significativa de recursos humanos, expresada en términos monetarios, que se dilapida únicamente al mantenerse al tanto de sus correos electrónicos. "En caso de que puedas realizar ese trabajo en tus períodos de inactividad, podrías ahorrar el 70% del tiempo que tus colegas dedican, lo cual se reflejaría en una ventaja competitiva al momento de completar cualquier proyecto". El escenario es idéntico cuando se está en la cola de espera para ser atendido por un médico, dentista u otro profesional que demanda una espera por parte del paciente.

Somos conscientes de la importancia de las redes sociales en la actualidad. Sin embargo, es recomendable establecer el hábito de revisarlas exclusivamente después de finalizar la jornada laboral. En ese momento, la productividad no es esencial y se puede disfrutar de la libertad de interactuar en las redes según se desee. El tiempo que la sociedad contemporánea destina a las redes sociales es desmesurado.

Unicamente una cantidad superior a 1,44 millones de usuarios activos mensuales de Facebook en todo el mundo dedican un promedio de más de 20 minutos al día en la plataforma de redes sociales. La acción más frecuente en la plataforma es indicar "me gusta", dejar comentarios y navegar por las actualizaciones de estado, sin mencionar los videos que la plataforma actualiza constantemente, según los datos citados por comScore. Esto equivale a cerca del 20% del total del tiempo dedicado en línea de forma general. Si consideramos que el tiempo es una equivalencia de valor económico, entonces Facebook.com se presenta como la posesión más preciada en el ámbito de internet en la actualidad. Aunque el promedio global excede los 20 minutos, los ciudadanos de los Estados Unidos... Las cifras declaradas subestiman significativamente la cantidad real de tiempo que se dedica.

Que No Te Roben Tu Tiempo. No Les Debes Nada A Las Redes Sociales. Ponlas A Tu Servicio, No Te Pongas A Su Servicio

Nos encontramos en la época de las denominadas redes sociales, que erróneamente reciben ese nombre. Utilizo el término 'mal llamadas' debido a la existencia de plataformas de interacción en línea desde hace varios milenios. En realidad, la condición humana se desarrolla en la formación de lazos sociales interdependientes que promueven la especialización en las labores y el respaldo mutuo en diversas circunstancias de emergencia. La capacidad de desarrollo en el entorno social de los seres humanos guarda una estrecha correlación con su supremacía con respecto a las demás especies. Por lo tanto, no es cierto que las redes sociales hayan sido inventadas por Zuckerberg, Jack Dorsey u otras personas similares.

Estas personas han desarrollado plataformas digitales en línea con el propósito de facilitar la conexión entre individuos con intereses diversos. La distinción actual radica en la característica virtual de las interacciones, junto con la ubicuidad que brindan en términos de accesibilidad.

El asunto radica en que estas plataformas se han transformado en las herramientas más poderosas para acaparar el tiempo humano en toda la historia. Puede dar la impresión de que la televisión clásica ha logrado un mayor alcance y ha sido verdaderamente el medio de comunicación más influyente en nuestra civilización, y continúa luchando por mantener su posición destacada. No obstante, las plataformas de redes sociales poseen otros elementos que les confieren un mayor atractivo magnético. La característica más importante de las redes sociales reside en la capacidad que tienen las personas para encontrar a otros individuos similares: miembros de la familia, amigos, antiguos compañeros, seguidores de las mismas aficiones e incluso aquellos con quienes sostener acaloradas discusiones. Esta capacidad de reunión del espíritu tribal más discriminativo lleva a muchas personas a creer que es en el ciberespacio donde se encuentran con su comunidad. De alguna manera, se puede apreciar a individuos a quienes se valora sinceramente como una extensión de la familia y como amigos cercanos. El asunto radica en que la ampliación de este fenómeno se extiende considerablemente y converge en una multiplicidad de grupos temáticos, en los cuales podemos establecer vínculos con individuos previamente desconocidos que comparten nuestros mismos intereses. Hasta aquí todo perfecto. La dificultad surge cuando emergen interdependencias y dinámicas comunicativas que demandan una creciente reciprocidad en diversas facetas, lo cual a su vez depende de la necesidad de mantener un nivel óptimo de popularidad en las publicaciones que se emiten. La implementación de la gamificación en las redes sociales es sumamente sencilla y altamente eficaz, transmitiéndonos la idea de que nuestra valía se basa en la cantidad de impactos que generan nuestras comunicaciones, ya sea en forma de 'me gusta', comentarios, interacciones, y otros. Este factor de popularidad tiene un efecto significativo en las emociones, ya que cada adición a esta acumulación tiene un impacto estimulante con todas las implicaciones resultantes.

Considero que las redes sociales están siendo empleadas de manera inapropiada, ya que poseen un gran potencial de provecho. No obstante, la concepción de la interacción en estos espacios está enfocada en fomentar que permanezcamos prolongados periodos de tiempo en ellos y en que creemos contenido de diversas maneras para obtener mayor validación dentro de ellos. No ahondaré en las dinámicas que, además, dan lugar a la distorsión de grupos, generando una exacerbación de posturas ideológicas que conlleva numerosos desafíos sociales. No obstante, es importante tener presente estos efectos perjudiciales.

En esta situación particular, considero que, en lugar de estigmatizar las redes sociales, es necesario adoptar una perspectiva diferente hacia el asunto. Al adquirir un martillo, no existe ninguna obligación para utilizarlo en ciertos fines; puede emplearse para insertar clavos, unir componentes desencajados, partir frutos secos e incluso como componente de una composición artística. El instrumento te pertenece y lo empleas a tu disposición, incluso de variadas maneras según las circunstancias. Considero que es imprescindible adoptar una estrategia que nos permita desafiar la estructura preestablecida de las redes sociales y utilizarlas con el propósito de Servir a nuestras necesidades y objetivos individuales. Prescindir de abordar el tema de la gamificación utilizando elementos como iconos de corazones, comentarios inmaduros, clasificaciones, entre otros. y emplearlas como una poderosa herramienta de comunicación con propósitos genuinamente beneficiosos para nuestra causa. No considero que esto sea una tarea tan ardua, de hecho, la sociedad ya ha logrado hacerlo utilizando diversos métodos en momentos previos. Podemos afirmar que hasta la fecha presente, la situación se encuentra ligeramente desequilibrada. De alguna manera, previo al surgimiento de las plataformas de redes sociales contemporáneas, ya existía un modelo sumamente intrigante consistente en la creación de foros especializados en distintas temáticas. No obstante, hemos podido observar una migración de estos foros a las redes sociales, en gran medida debido a la facilidad con la que se pueden atraer nuevos miembros al formar parte de un colectivo mucho más extenso y diverso.

Aunque enfrento diversas circunstancias, mantengo una profunda confianza en la capacidad intelectual de la colectividad, la cual eventualmente alterará un sistema que claramente busca aprovecharnos en lugar de beneficiarnos.

Considero especialmente atractivo el uso de las redes sociales como una forma adicional de comunicación, más que como un mero entretenimiento, hasta que se logre esa situación. Con ese vistazo, también se puede optimizar el tiempo en diversos procedimientos que resultarían más arduos, tales como solicitar la orientación de expertos, divulgar información relacionada con alguna actividad, mantenerse actualizado en cuanto a las novedades de un grupo en que uno está involucrado, entre otros. Las actividades que podrían presentar mayor dificultad en otros contextos, en estos se ven notablemente simplificadas. Sin embargo, se altera el propósito original cuando empleamos estos medios para chismorrear y caemos en un ciclo interminable de clics impulsados por una tendencia infinita a investigar, o si dedicamos tiempo a publicar y constantemente revisamos qué actividad está generando, como si nuestra vida dependiera de ello.

Por consiguiente, considero que resulta crucial evaluar si nosotros ejercemos el control sobre las redes sociales o si, por el contrario, somos víctimas de su influencia. En caso de presentar sospechas acerca de encontrarse en la segunda circunstancia, considero pertinente ponderar si la dedicación excesiva a dicho asunto contribuye de manera significativa a su vida, en relación con otras prioridades, así como también examinar las dependencias que esto conlleva. Es importante tener en consideración que si las redes sociales no te brindan ningún beneficio real, en realidad están agotando tu propio valor, incluyendo aspectos fundamentales como tu vida, energía y atención.

4.2. La especialización exacerbada

El Homo sapiens sapiens, como especie, ha habitado la Tierra durante cientos de miles de años, pero es relativamente reciente, hace unos cuatro mil años, que ha habido un cambio en su organización social y ocupaciones diarias. A medida que nuestra sociedad transicionó de una forma de vida basada en la caza y recolección hacia una más sedentaria, mediante el desarrollo de técnicas agrícolas, se dio inicio al proceso de especialización. Adicionalmente, se empiezan a manifestar numerosas ocupaciones que previamente no existían. Estos dos elementos experimentan un crecimiento continuo y enérgico a lo largo de todas las épocas siguientes, hasta alcanzar el presente momento en el que la especialización adquiere un nivel extremo conocido como hiperespecialización. Esto implica que numerosos individuos se dedican a actividades que resultan incomprensibles para la gran mayoría de la población. Numerosos oficios ancestrales perviven en nuestra sociedad, tales como labradores, metalúrgicos, militares, clérigos, entre otros. Además, han surgido una gran cantidad de profesiones que eran impensables hace solo unas décadas, tales como diseñador de páginas web, gestor de comunidades en línea y experto en minería de criptomonedas, entre otras.

La tendencia se extiende a todas las áreas de nuestra vida diaria, en la que es considerado común que nos enfoquemos en el desarrollo de una actividad laboral, recreativa y profundicemos en las mismas. Diluirse, especialmente en el ámbito laboral, no goza de una buena reputación ya que denota falta de seriedad y, sobre todo, falta de productividad; incluso podría ser percibido como una muestra de irresponsabilidad al desperdiciar oportunidades de ascenso y crecimiento. Y la verdad es que es así, existen nichos laborales altamente solicitados dentro de un mismo sector en el que otros perfiles pueden enfrentar dificultades para conseguir empleo.

En cuanto a la vida personal, solemos llevar consigo esta tendencia, de modo que a alguien con una gran variedad de intereses, aficiones y conocimientos se le suele tachar de carecer de enfoque y profundidad, mientras que a aquellos que se dedican a una sola disciplina se les otorga un alto valor por su dedicación minuciosa. En un contexto en el que se busca obtener el rendimiento óptimo de un individuo, esto es lo que resulta relevante. Sin embargo, debemos reflexionar sobre si es verdaderamente nuestra intención enfocarnos en una o dos tareas con mayor intensidad. ¿Es necesario renunciar a fin de poder dedicar tiempo a explorar y descubrir una amplia variedad de intereses que nos despierten nuestra curiosidad por experimentar y adquirir conocimiento? Esta segunda opción no está necesariamente prohibida, pero definitivamente no es promovida de ninguna manera, y genera una gran inversión de tiempo de nuestra vida en carreras forzadas, generalmente impulsadas por nuestro entorno, con la creencia firme de que es nuestra gran oportunidad para alcanzar relevancia en esta vida.

Esta es una cuestión ampliamente debatida, dado que existen numerosas personas que encuentran una gran satisfacción al dedicar la mayor parte de su tiempo a aquello que consideran como su propósito en la vida, lo cual no puede ser contradictorio. Sin embargo, es factible indagar a estas personas sobre sus posibles intereses o aspiraciones profesionales alternativas en esta existencia, lo cual podría revelar otras perspectivas que trascienden su especialización.

Si bien podría parecer que me he desviado del tema, la consideración temporal desempeña un papel fundamental en relación a esta cuestión. Se trata de una decisión tan pura como la selección de en qué invertimos nuestro tiempo, nuestra existencia. En cierta medida, constituye la elección definitiva ya que determina a qué actividad de entre todas las opciones disponibles nos vamos a dedicar con mayor dedicación, compromiso y enfoque. Indudablemente, esta no es una decisión insignificante.

Considero que sería beneficioso enfocarse en un área específica después de haber adquirido un extenso bagaje de experiencias, lo cual permite internalizar diversas situaciones en las que se han desarrollado diferentes habilidades. Experimentar diversas situaciones y apreciar las más intrigantes, discernir con precisión las que se alinean mejor con tu personalidad y preferencias, como algo tan básico como tus gustos, conduce a alcanzar destinos más iluminados y gratificantes.

Es evidente que en múltiples ocasiones las circunstancias no serán propicias para llevar a cabo un período de experimentación. Primordialmente, se ha dispuesto todo para instaurar una trayectoria progresiva tanto a nivel personal como profesional, mediante una serie consecutiva de etapas con opciones anticipadas para seleccionar rutas específicas. La estructura de esta institución en términos de desarrollo académico y avance profesional tiende a ser altamente inflexible, y revertir una decisión equivocada conlleva un alto costo en todas las dimensiones. Debido a que invertir una considerable porción de nuestro tiempo en la experimentación, el conocimiento y la exploración de temas que inicialmente nos interesen y, con el tiempo, nos lleven a participar en una o varias actividades en entornos naturales, resulta altamente contraproducente y definitivamente no es promovido de ninguna manera. Algunas individuos que han logrado conseguirlo han experimentado un elevado costo y desgaste en sus relaciones, economía y energía, no obstante, al final, han alcanzado condiciones de notable armonía en comparación con la mayoría. Un ejemplo de la oposición a este tipo de opciones puede observarse en la tendencia de etiquetar a estas personas como exóticas, opuestas al sistema, aficionadas, incoherentes, y similares. Además, rara vez se les considera en asuntos supuestamente de importancia. No gozar de una alta productividad en esta sociedad es socialmente desaprobado, a pesar de que dichas personas muestren una gran actividad y agitación. La productividad es un concepto muy específico y se restringe a métodos de realizar tareas de manera muy estructurada.

Un ejemplo destacado de esta oposición a participar en actividades que se desvíen de los estándares de productividad más tradicionales ha sido la implementación del trabajo a distancia. El trabajo remoto se presenta como una modalidad altamente adaptable, que facilita al empleado gestionar de forma más eficiente su tiempo, conciliando sus responsabilidades personales y laborales, otorgándole así un mayor grado de autonomía para abordar otras labores. Este hecho siempre ha sido motivo de desconfianza en el seno de las organizaciones empresariales, debido al recelo que suscitaba la potencial pérdida de control sobre el empleado y la consiguiente disminución de la eficiencia laboral. Durante la amplia experiencia de trabajo remoto surgida a raíz de la pandemia, se evidenció que esta modalidad organizativa no solo no conllevaba una pérdida de productividad, sino que, en la mayoría de los casos, resultaba beneficiosa. A pesar de esta realidad, después de superar la fase más crítica de la pandemia, numerosas organizaciones han retomado las operaciones en sus lugares de trabajo, debido a que la falta de control sobre los cuerpos de los empleados transgredía la prioridad de mantener la actividad centralizada y disciplinada, incluso si esto suponía un impacto negativo en la productividad efectiva. Debido a que nos referimos no solamente a un asunto relacionado con la productividad, sino también a un paradigma más amplio que está enfocado en la disciplina y control de los individuos para evitar que se vean tentados por alternativas distintas.

Soy consciente de que resulta sumamente desafiante tomar la decisión de estar en constante movimiento, ya sea en relación al trabajo, las aficiones, los espacios de actividad, la residencia, entre otros aspectos. Sin embargo, considero que al menos debemos considerar la posibilidad de que la noción de construir una carrera profesional, de especialización en el ámbito creativo, y de dedicarnos de manera exclusiva a una actividad, es una invención que carece de naturalidad y que, en realidad, nos genera más conflictos internos que beneficios. Dado que considero que debe resultar arduo invertir la existencia entera en una empresa y, posteriormente o más bien en retrospectiva, percatarse en una etapa muy avanzada que, en realidad, anhelabas abarcar más, explorar distintas facetas de la vida, en última instancia. Considero que es beneficioso y saludable tomar conciencia de esto, a pesar de que pueda resultar doloroso admitir que hemos descuidado muchas cosas que nos habrían agradado, con el fin de mantenernos fieles a una única faceta que representa una de las innumerables posibilidades que podríamos haber explorado. En última instancia, aunque es sumamente ventajoso que alcancemos un alto nivel de competencia y satisfacción en una empresa, carece de lógica que nos veamos obligados a pasar la mayoría de nuestra existencia sometidos a la esclavitud.

Gestiona tu agenda académica.

Esta función te brinda la posibilidad de establecer intervalos entre tus clases y períodos de tiempo libre, mediante el uso de un generador de horarios digitales que almacena toda la información académica que le proporcionas.

Aplicaciones asociadas

1. Agenda Estudiante: Desarrollada por estudiantes para estudiantes y compatible exclusivamente con dispositivos Android, esta aplicación permite la organización de horarios tanto a nivel individual (estudiante) como institucional (centro educativo). Con el fin de mejorar la identificación de cada cita, se ofrece la posibilidad de incorporar una imagen y datos complementarios. 2. Lección 1: cuenta con un generador de horarios

incorporado en la plataforma que posibilita la creación de diversos tipos de horarios. 3. Tareas: Esta herramienta permite realizar un seguimiento minucioso tanto de las tareas a realizar como de sus correspondientes cronogramas. Se proporciona la posibilidad de incorporar información adicional, tal como el nombre del docente o la materia a ser enseñada, y de modificarla en caso de ser requerido.

Funciones

Facilita la generación de horarios acorde a las asignaturas correspondientes de cada día. Simplemente deberás registrar los eventos académicos según el día correspondiente, posteriormente asignando la asignatura, el docente, el salón, la hora de inicio y la hora de finalización, respectivamente. Próximamente recibirás un horario detallado con todas las actividades, organizadas por semana. Valoración de relevancia: Tras la elaboración del itinerario de actividades académicas, tendrás la oportunidad de determinar qué clases revisten mayor trascendencia. Esto te posibilitará clasificarlos en orden descendente, siendo los primeros los más relevantes y los últimos los menos significativos.

Es fundamental resaltar los procesos de evaluación: se te otorgará la oportunidad de sobresalir en aquellos cursos en los cuales se realicen evaluaciones. Simultáneamente, podrás complementar la valoración con información adicional pertinente al tema en cuestión, con el objetivo de facilitar tu estudio en el plazo establecido. Notificaciones: Este servicio incorpora una función de alertas que te informará sobre las asignaturas y evaluaciones correspondientes para cada día. Difunda sus horarios: tendrá la posibilidad de compartir sus horarios con amigos, superiores o compañeros de estudio. De forma que puedan percibir tus días disponibles o períodos libres y sean conscientes de tu disponibilidad.

Importancia

Contar con un programa de clases facilita el establecimiento de rutinas que fomentan la responsabilidad y disciplina, fortaleciendo así la concentración y proporcionando la oportunidad de consolidar los conocimientos adquiridos en el aula. Sin contar con una planificación estructurada de tus estudios, no serás capaz de aprovechar completamente tus momentos de recreación y ocio. Por consiguiente, es necesario intercalar tanto el trabajo académico como la participación en otras actividades placenteras. Además, un horario permite tomar conciencia de nuestro desempeño y regular nuestros esfuerzos en el ámbito académico.

Asimismo, al fijar tus horarios para las actividades académicas, puedes deshacerte de la inquietud o ansiedad que surge por la acumulación de tareas sin terminar, puesto que se mantiene un orden en las cosas. La utilización de intervalos de tiempo te permite evitar la improvisación y la sobrecarga mental. Del mismo modo, lograrás descansar adecuadamente durante las horas necesarias, lo cual es crucial para alcanzar un rendimiento óptimo tanto en tus estudios como en el resto de tus actividades diarias. Por último, se ha establecido un horario propicio que nos permitirá contar con una mayor disponibilidad de tiempo, evitando así la justificación de no poder realizar ciertas actividades por falta de tiempo. Un programa de actividades representa una búsqueda de armonía personal.

Gestiona tus contraseñas[8]

Esta funcionalidad permite el resguardo seguro de numerosas contraseñas de acceso, evitando así la necesidad de memorizarlas todas individualmente y facilitando únicamente la retención de la clave asignada a dicha función.

Aplicaciones asociadas

LastPass se destaca como uno de los gestores de contraseñas más prominentes y exhaustivos para dispositivos Android. Dispone de una amplia variedad de características, las cuales abarcan desde contraseñas de autocompletado en aplicaciones, sitios web y hasta formularios. Además, nos brinda la posibilidad de guardar imágenes y grabaciones de audio de manera segura. Presenta otras características poco habituales, tales como la inclusión de un sistema de autenticación mediante escáner de huellas dactilares, generador de contraseñas, así como un auditar de contraseñas que nos proporciona conocimiento acerca de la debilidad de las mismas. También brinda la opción de conceder acceso a un amigo o familiar en situaciones de emergencia. Es posible utilizar la aplicación principal de manera gratuita, aunque requerirá una suscripción para acceder a todas las funcionalidades disponibles.

Funciones

En primer lugar, es necesario establecer una clave única que debes recordar, la cual corresponde a la función. Como alternativa, serás capaz de registrar tu huella dactilar. Si posees otros dispositivos, sería aconsejable llevar a cabo una copia de seguridad de tus claves y transferirla a otro dispositivo, en el cual puedas restablecerla utilizando la misma contraseña. Mediante esta función se logra dicha posibilidad. La configuración le brinda la capacidad de habilitar notificaciones, de modo que en el caso de situaciones como pérdida, robo o intento de acceso no autorizado a sus claves, usted recibirá alertas que indican una violación a su privacidad. Asimismo, en caso de tratarse de un robo, la funcionalidad ofrece la posibilidad de llevar a cabo un bloqueo automático, impidiendo el acceso a su contenido de manera irrevocable.

En caso de que así lo desees, es posible ajustar la función para que las contraseñas sean autocompletadas al momento de acceder a tus páginas web. Del mismo modo, se brinda la alternativa de establecer una sincronización mediante la utilización de almacenamiento en la nube. Esto le otorga la ventaja de acceder automáticamente a todas sus contraseñas desde cualquier ordenador o dispositivo móvil en los que haya iniciado sesión. Por último, con el objetivo de garantizar una mayor seguridad, se procede a almacenar todos los datos en una bóveda cifrada, cuya contraseña fue establecida por usted al inicio del proceso.

Importancia

En el ámbito tanto profesional como personal de tu vida, resulta fundamental considerar la importancia de la privacidad y la seguridad, sobre todo si eres una persona que dedica una considerable cantidad de tiempo a estar conectado. En un contexto en el que la proliferación de plataformas digitales y aplicaciones nos ha planteado un desafío adicional: tener que memorizar una amplia variedad de contraseñas para poder acceder a ellas. Es por esta razón que resulta crucial disponer de funciones que alivien la carga cognitiva asociada a recordar nuestras contraseñas, ya que sin duda son de vital importancia y altamente efectivas.

Puede resultar algo riesgoso utilizar la misma contraseña para Facebook, Twitter, Instagram y otras plataformas de redes sociales. Además, puede ser complicado recordar todas las contraseñas correspondientes a cada una de estas redes. Afortunadamente, existen funciones especializadas en la gestión de contraseñas que se han presentado como una solución muy conveniente. Estas funciones permiten acceder a todas nuestras contraseñas utilizando una única clave, evitando la necesidad de recordarlas constantemente. Mediante un rápido y sencillo acceso, e incluso utilizando nuestra huella dactilar, podemos garantizar la tranquilidad de que nuestros datos, documentos y archivos estarán siempre disponibles sin ninguna dificultad. Por último, en caso de que se produzca una infracción a su privacidad, seremos notificados para realizar las modificaciones necesarias o para acceder y proteger todos los datos.

Capítulo 5
CARACTERÍSTICAS DEL PROCRASTINADOR

Los atributos de la personalidad que tiende a postergar.

El perfeccionismo es la causa principal de la postergación de tareas.
MICHAEL HYATT

No estás solo

METRO
¿Puedes creer si te informo que a lo largo de la historia, personajes de gran

renombre han exhibido una tendencia marcada hacia la procrastinación? ¿Y qué otros tenían que emplear tácticas ingeniosas para evitar aplazar?

Cuando Francesco del Giocondo, un próspero mercader de seda de Florencia, solicitó a Leonardo da Vinci que pintara a su esposa, Lisa Gherardini, en la primavera de 1503, el destacado artista florentino – aunque inconsciente entonces – aceptó de inmediato y dio su consentimiento a la que posteriormente se convertiría en la pintura más reconocida de todos los tiempos... Sin embargo, cabe mencionar que el proceso de finalización se extendió considerablemente debido al compromiso asumido por Leonardo con otra obra, La batalla de Anghiari. Al momento de partir hacia Milán en 1507, es posible inferir que el autor consideró que el proyecto no estaba completo, dado que lo transportó consigo. El artista continuó laborando en el cuadro hasta poco tiempo antes de su fallecimiento."

Cuando Víctor Hugo experimentó presión por parte de su editor para concluir un libro antes de febrero de 1831, concibió una estrategia peculiar: instruyó a su asistente para que embalara todas sus prendas en un amplio arcón. Por lo tanto, careció de indumentaria adecuada para salir de su casa, a excepción de un generoso abrigo, por lo que se vio obligado a permanecer en su estudio, donde dedicó escribir con frenesí durante el transcurso del otoño e invierno de 1830. De esta manera, consiguió que El jorobado de Notre Dame fuese publicado el 14 de enero de 1831, dos semanas antes de la fecha límite.

Y Demóstenes, reconocido como el más eminente orador de nuestra historia, tenía una singular costumbre: previo a ensayar sus discursos, se afeitaba meticulosamente la mitad de su rostro y se comprometía consigo mismo a no rasurarse la otra mitad hasta haber memorizado el discurso en su totalidad. De esta manera, el desafortunado Demóstenes, quien además lidiaba con la dificultad del tartamudeo, se evitaba el bochorno de salir a la calle con solo la mitad de su semblante afeitado.

¿Lo ves? Además, estos distinguidos individuos ocasionalmente se verían afectados por la tendencia a postergar o experimentar un inmenso impulso de hacerlo. Por consiguiente, ¿implica esto que, a fin de alcanzar el éxito, debo aplazar las tareas? Por supuesto que no. Si pones atención, los tres protagonistas previamente mencionados exhibían una aptitud extraordinaria, razón que, de alguna manera, les permitió equilibrar su propensión a procrastinar con los resultados sobresalientes alcanzados.

Si estás leyendo este libro, supongo que ya eres consciente de tu propensión a procrastinar, sin embargo, es importante señalar que muchas personas carecen de tal conocimiento debido a la falta de familiaridad con el término o simplemente por no tener conciencia de su propia situación. Entonces, en caso de que no lo sepa, la empresa inicial para efectuar el cambio es siempre una mayor conciencia, es decir, poseer el conocimiento de que enfrentamos una situación difícil o poseemos una debilidad particular que requiere resolución o mejora. De lo contrario, estamos siendo obviamente ignorantes frente a esta situación.

Con el fin de profundizar en este tema, a continuación, procederé a describir las distintas categorías de individuos que procrastinan.

Los seis perfiles de postergadores

Según la Dra. En la Universidad de la ciudad de Nueva York, se identifican seis categorías o perfiles de personas que tienden a procrastinar:

Perfeccionistas: estas personas se mantienen a sí mismas con estándares extremadamente altos y constantemente sienten que les falta algo para que su trabajo se considere perfecto. Como resultado, nunca lo completan, simplemente porque la perfección no existe, al menos no para los humanos.

Soñadores: son individuos que suelen expresar intenciones de realizar diversas actividades y logros, frecuentemente compartiendo sus aspiraciones y metas. Sin embargo, al momento crítico de presentar concretamente los resultados obtenidos, presentan una cantidad muy limitada, si es que presentan algo en absoluto. Estos individuos exhiben un gran verbo, pero una mínima acción.

Personas que son causantes de tensiones: se caracterizan por mostrar un exceso de confianza en sí mismas, además de afirmar que desempeñan su labor de manera más efectiva cuando están bajo presión. Esto conduce únicamente a retrasar el comienzo de las tareas, posponiéndolas hasta el último momento, justificándose luego con la falta de tiempo y así creando sus propias situaciones problemáticas.

Atormentados: a diferencia de los idealistas que vislumbran constantemente un porvenir idílico en un paraíso próspero, los atormentados presentan una perspectiva completamente opuesta; perciben desastres en cada esquina y obstáculos en cada esfera, incluso cuando no tienen fundamento. Son individuos que poseen conocimientos estadísticos que les permiten afirmar que una determinada idea o acción no será exitosa, por lo tanto, no ven sentido en llevarla a cabo.

Resistentes: se refiere a individuos que muestran aversión hacia recibir instrucciones y desafían sistemáticamente a la autoridad, logrando así evadir sus responsabilidades laborales, al menos en un primer momento.

Personas sobrecargadas: aquellas que aceptan un número excesivo de compromisos debido a su dificultad para negarse; otorgan su consentimiento a todas las propuestas que se les presentan sin considerar de antemano si cuentan con suficiente tiempo para llevarlas a cabo. Estas personas constantemente buscan complacer a todas las personas.

Y usted, permítame preguntarle, ¿se siente vinculado con alguno de estos perfiles o categorías de personas que posponen las tareas?

Las seis cualidades de un individuo que practica la procrastinación.

A continuación, después de haber examinado los diversos tipos de personalidades propensas a la procrastinación, procederemos a analizar las características más utilizadas. Puede haber variaciones en cuanto a las características, sin embargo, las que se mencionan son las más comunes.

Principal rasgo: muestran indecisión

Estas personas muestran incertidumbre acerca de su capacidad laboral y su potencial de éxito. Debido a esta falta de confianza en su capacidad para alcanzar un resultado específico, no se sienten motivados para siquiera intentarlo.

La secuencia cognitiva de esta persona es la siguiente:

No soy capaz" can be expressed in a more formal tone as "No poseo la capacidad" or "No cuento con la habilidad necesaria." "No lo lograré" can be rephrased as "No podré alcanzarlo" or "No conseguiré realizarlo." "Lo haré después cuando me sienta mejor" can be stated in a more formal manner as "Postergaré su ejecución hasta que me encuentre en mejores condiciones físicas o mentales.

El procrastinador reflexiona, '¿Cuál es el sentido de tratar si, de todas formas, no llegaré a hacerlo?' Sin embargo, permíteme plantear una pregunta: si no te esfuerzas, ¿cómo podrás determinar tu capacidad?

Hace varios años, aproximadamente en 2005, me viene a la mente el fenómeno del Windows Live Messenger (15). En aquella época, mis compañeros de escuela y yo nos comunicábamos frecuentemente mediante mensajes y correos electrónicos debido a su enorme popularidad. Tengo un vívido recuerdo de recibir un correo electrónico en el que se incluía un mensaje de texto seguido de una imagen que mostraba tres puertas. Se me presentó la opción de decidir si deseaba abrir una de las puertas mediante un simple clic. Tengo presente que experimentaba temor al abrir la misma (de manera sincera); sin embargo, reuní valentía, pulsé y la desplegué.

En un giro sorprendente de los acontecimientos, al hacer clic, se abrió ante mí una ventana vibrante y alegre, presentándome la siguiente reflexión que invita a la reflexión:

Si no tienes a bien descorrer el umbral, jamás desentrañarás la calidad de tu elección.

¿De Qué Manera Se Lleva A Cabo El Proceso De Toma De Decisiones En Nuestro Cerebro?

Gran parte de las decisiones que tomamos se caracterizan por ser impulsivas, careciendo de un enfoque racional y centrándonos únicamente en nuestro estado emocional o los sentimientos que nos generan.

A todos nos ha ocurrido que la influencia de nuestras emociones nos ha llevado a tomar decisiones desfavorables. ¿Con qué frecuencia has experimentado remordimiento por haber tomado una decisión bajo estados emocionales específicos? Tenemos una mayor propensión, por ejemplo, a asumir riesgos cuando nos encontramos en un estado de alegría y satisfacción que cuando experimentamos tristeza o enojo.

En el apartado dedicado a la persuasión, examinaremos cómo las emociones han sido empleadas desde tiempos de Aristóteles como recursos efectivos para generar una respuesta favorable al intentar persuadir a alguien. Daremos una exposición sobre la utilización efectiva de las emociones y el pensamiento para lograr la persuasión y convincente en diversas situaciones. En este momento nos encontramos en el otro extremo del espectro: cómo mantenernos racionales y evitar ser influenciados por nuestras emociones. Además, existen diversos factores que pueden ejercer influencia en nuestras decisiones. Al tomar conciencia de esta situación, podemos identificarlos y adquirir el conocimiento para manejarlos adecuadamente.

Examinemos brevemente el enfoque cognitivo heurístico aplicado al proceso de toma de decisiones. Esta metodología nos indica que tenemos la capacidad de analizar y evaluar la información de dos maneras distintas con el propósito de tomar una decisión:

Daniel Kahneman es un psicólogo afiliado a la Universidad de Princeton que recibió el Premio Nobel de Economía en 2002 por su innovadora integración de conceptos psicológicos en el campo de las ciencias económicas. En su obra literaria titulada "Pensar rápido, pensar despacio", el autor analiza los mismos enfoques desde una perspectiva distinta. Él discrimina entre dos modalidades de pensamiento

El sistema 1 generará conclusiones de manera automática, en contraste el sistema 2 proporcionará respuestas conscientes.

A los individuos, nos agrada experimentar una sensación de racionalidad, por lo cual generalmente concordamos en que el sistema cognitivo 2 ejerce mayor predominancia frente al sistema 1. Sin embargo, la verdad es que no es de esa manera.

Con frecuencia incurrimos en fallos al tomar decisiones a causa de los sesgos cognitivos mencionados posteriormente por el autor.

Retomando el enfoque cognitivo, es posible abordar el concepto del afecto heurístico, el cual se manifiesta de manera habitual al evaluar los riesgos y beneficios de una determinada situación, según los sentimientos favorables o desfavorables que asociamos con un estímulo determinado. Constituye la práctica de seguir los dictados de tu corazón.

Los investigadores han concluido que, en caso de experimentar sentimientos positivos hacia algo, es más probable que se minimicen los riesgos y se prioricen los beneficios. En caso de experimentar una actitud negativa hacia una determinada actividad, es probable que tendamos a otorgar mayor importancia a los riesgos asociados y a prestar menos atención a los beneficios que pudiera ofrecer.

"Un caso ilustrativo del sesgo heurístico:

Visualice a un par de niños a quienes les extendieron una invitación para pasear en bicicleta. Uno de los individuos adquirió habilidades ecuestres a través de la tutela de su abuelo, conservando un recuerdo de gran alegría en su memoria asociado a dicho acontecimiento. No pasará más de un instante en decidir qué desea montar y subirse a la bicicleta (gran conveniencia, escaso riesgo). No obstante, el segundo menor sufrió recientemente un grave accidente mientras montaba en bicicleta, ocasionándose importante daño, por lo tanto, ha llegado a la conclusión de que la práctica de montar en bicicleta es una decisión desfavorable en términos de beneficios y presentando un alto riesgo. Ambos infantes han empleado una estrategia cognitiva simplificada para evaluar las ventajas y desventajas de la actividad de ciclismo. Ambos individuos han dejado de lado una evaluación realista de todos los beneficios y riesgos, optando en cambio por tomar su decisión basándose en un recuerdo.

Lo que puede parecer tan sencillo y obvio en un niño también lo llevamos a cabo los adultos en diversas circunstancias. Si ejercitáramos una reflexión ponderada y le dedicáramos un lapso de tiempo adecuado, optaríamos por una elección distinta que nos brindaría mayor satisfacción posteriormente.

En ocasiones, dichos heurísticos mentales nos posibilitan realizar selecciones rápidas y bastante acertadas, no obstante, en otras ocasiones nos pueden conducir a tomar decisiones erróneas. Mencionamos previamente las decisiones que carecen de trascendencia. Esas decisiones pueden ser adoptadas utilizando los enfoques de pensamiento rápido 1 o ruta periférica, lo que nos permitirá economizar tanto tiempo como esfuerzo.

De hecho, Robert B. Zajonc afirmó en 1980 que las respuestas emocionales a los estímulos son la primera respuesta que ocurre de manera involuntaria. La primera reacción tiene un impacto en nuestra forma de procesar y evaluar el resto de la información. Por ende, en un anuncio, se exhibirán inicialmente términos o imágenes favorables con el fin de que evalúes posteriormente el resto con base en dicho estímulo positivo.

Las personas distamos mucho de ser la entidad racional que algunos anhelan convertirse. Ya sea que lo aceptemos o no, nuestro cerebro está inherentemente programado y propenso a tomar decisiones de forma rápida y basada únicamente en una fracción de la información disponible. El primer pensamiento de Daniel Kahneman, también conocido como la ruta periférica. En realidad, en numerosas ocasiones adoptamos decisiones previo a percatarnos de haberlas adoptado. Posteriormente, continuamos deliberando exhaustivamente sobre algo que para nosotros ya está predestinado: aquel que hemos seleccionado.

Las emociones y los sentimientos tienen un impacto significativamente mayor en nuestras decisiones de lo que solemos percibir. Por consiguiente, resulta crucial meditar detenidamente sobre las circunstancias antes de tomar acción o emitir comentarios susceptibles de causarnos malestar o perjudicarnos.

Por ejemplo, cuando estás inmerso en una discusión con alguien, sería conveniente considerar detenidamente el asunto y retomar la conversación en un momento más adecuado, como por ejemplo, el día siguiente. Él toma un momento para reflexionar antes de responder a un correo electrónico si se encuentra molesto. La toma de decisiones puede ser más objetiva al seguir un enfoque racional y recurrir al proceso adecuado siguiendo una ruta neutral.

La ira obstruye el razonamiento y nos impulsa a tomar decisiones precipitadas e incorrectas, de la misma manera que lo hace la euforia. Ten presente que tu estado emocional y mental influyen en tus elecciones. Examine detenidamente y aplácelas para su posterior análisis si es necesario. Si no es relevante debido a su falta de importancia, tal como elegir entre beber un zumo u otro, permítete fluir.

¿Qué factores ejercen una influencia en nuestro estado mental al momento de tomar decisiones? Eso corresponde a lo que Kanheman denomina sesgos cognitivos en su obra literaria. Examinaremos algunos de los más habituales: "Veremos una lista de los más frecuentes: "A continuación, analizaremos los más comunes: "Nos concentraremos en los más populares:

Efecto halo

Además, en el ámbito de la persuasión también abordamos este tema referido como el factor simpatía. Generalmente, nos inclinamos a depositar nuestra fe y confianza en individuos que presentan atributos estéticos atractivos, poseen un carácter agradable y con quienes experimentamos una simpatía innata, aún careciendo de un conocimiento profundo de ellos. Las apariencias y rasgos de una persona suscitan impresiones favorables o desfavorables antes de entablar un conocimiento directo con ella. Por favor, tómese el tiempo adecuado sin permitir que su juicio se vea influenciado por la reputación o el aval de la persona que le está brindando la recomendación.

Heurística de la probabilidad

Presentamos una inclinación a conceder mayor importancia a las informaciones que nos resultan más familiares o que están impregnadas de mayor carga emocional. Las personas tienden a tomar decisiones tomando en consideración experiencias personales o dependiendo de la apreciación de individuos de confianza. Las informaciones provenientes de fuentes fidedignas nos parecen más creíbles. Concedemos mayor credibilidad a nuestros propios informes en comparación con la información objetiva proveniente de fuentes externas. Esta es una representación de lo que presenciamos en persuasión a través de testimonios, escenas o narrativa, por citar algunos ejemplos.

Toma las decisiones basándote en los datos, pero considera que los testimonios son solo una faceta de la información. Verifícalos, ponlos en cuestión y dedica tiempo al análisis minucioso. De este modo no permitirás que las emociones generadas te influyan.

Sesgo retrospectivo

Cuando fundamentamos nuestra decisión en experiencias previas que nos llevan a inferir de manera incorrecta los acontecimientos que se avecinan. Esto demuestra la presencia de coherencia y compromiso.

Una instancia recurrente en mi experiencia personal. Al plantear una iniciativa en el ámbito empresarial (o en cualquier otra esfera de la vida) y recibir la respuesta convencional de 'Ya hemos intentado eso antes y no tuvo éxito'. Permítanme expresar mi malestar, ya que el hecho de que lo hayas intentado anteriormente sin éxito no implica necesariamente que no lo vayas a intentar nuevamente. Tal vez las circunstancias han experimentado cambios, la elección de acción no resultó idónea para alcanzar dicho objetivo, su ejecución fue deficiente, el producto presentó diferencias... si no se procede a un análisis exhaustivo de todo ello, no será posible obtener conocimiento al respecto. Restringir las alternativas debido a una postura de "ya lo hemos hecho" no es aceptable en lo más mínimo.

En este lugar resulta sumamente enriquecedora la teoría del "cisne negro" planteada por Nassim Taleb en su libro, la cual aborda aquellos eventos que se producen de manera absolutamente inesperada. Aquello que ningún analista había anticipado ni considerado debido a la creencia de que no era posible que ocurriera, y que, ya sea para beneficiar o, por lo general, para perjudicar, acaba teniendo un efecto significativo y consecuencias de gran relevancia.

Este nombre se atribuye debido a que antes de la llegada de los primeros exploradores a Australia en el siglo XVII, prevalecía en Europa la creencia de que todos los cisnes eran de color blanco. El hallazgo de estas aves de plumaje oscuro fue un acontecimiento ampliamente considerado como altamente improbable, no obstante, se materializó y transformó la percepción previa existente. Con este planteamiento, Taleb pretende cuestionar los enfoques económicos que se basan en acontecimientos pasados para predecir el futuro. Estas predicciones, en última instancia, terminan fallando debido a la inesperada irrupción de un evento altamente improbable. Un ejemplo evidente es el COVID-19, cuya aparición fue inesperada y ha tenido un impacto considerable.

Según Taleb, un suceso debe cumplir con las siguientes características para poder ser catalogado como un cisne negro:

- Que sea sorprendente.

"- Que genere un efecto significativo." - Que produzca una gran influencia. - Que tenga un importante alcance. - Que cause un fuerte impacto.

Que posea retrospectiva previsible. Este fenómeno se produce cuando, una vez que se ha llevado a cabo, se observan indicios de que se podrían haber tomado medidas para evitarlo o anticiparlo, y se formulan hipótesis que explican las causas de su ocurrencia.

Al analizar su aplicación en el proceso de toma de decisiones, podemos afirmar que el fundamento de nuestras decisiones en eventos o situaciones pasadas, sin considerar la posibilidad de cambios o eventos sin precedentes, resulta en la disminución de su eficacia. Asimismo, si se hubiera llevado a cabo un análisis adecuado en su momento, habríamos tenido la posibilidad de prever o evitar dicha situación, tomando la decisión acertada o, al menos, aproximándonos a ella en mayor medida.

Efecto anclaje
Tenemos la tendencia natural de aferrarnos a la información inicial que obtenemos, depositar nuestra confianza en dicha información y posteriormente emitir juicios en función de ella. Es por esta razón que en los concesionarios se exhiben en primer lugar los vehículos de alto costo. Cuando observas que los objetos de menor precio están ubicados al final, da la impresión de que son

económicos. En este caso, estás emitiendo un juicio a partir de tu primera impresión.

Ante estas circunstancias, es recomendable determinar inicialmente el monto a invertir, tomando en consideración el presupuesto disponible, así como las expectativas de satisfacción personal, entre otros aspectos relevantes...

Efecto arrastre

Este fenómeno psicológico conlleva a que sucumbamos ante la influencia de la opinión mayoritaria. Discutimos este sesgo cognitivo como influencia social.

Sesgo de confirmación

Solemos buscar información que respalde nuestras creencias y descartamos aquella que entra en contradicción con ellas. La razón radica en nuestra aversión a ser contradichos y nuestra dificultad para admitir nuestros errores. Experimentamos una sensación de bienestar cuando nuestras suposiciones son confirmadas. Procure obtener información precisa y objetiva, en lugar de limitarse a validar sus propias ideas preconcebidas. Reconoce la existencia de información tanto negativa como positiva sobre los asuntos y realiza un análisis exhaustivo de ambos aspectos. No deberíamos realizar consultas de confirmación, ya que seguramente encontraremos fuentes que respalden nuestras creencias, incluso hasta podríamos hallar material audiovisual que respalde la teoría de que la Tierra es plana si nos esforzamos en buscarlo.

Sesgo de encuadre
Permitimos que influya sobre nuestras decisiones o elecciones la forma en que

se nos presenta la información o las opciones disponibles. Discutimos este tema en Splendor mientras analizábamos el obstáculo que impide realizar compras debido al temor a gastar. Un ejemplo claro se evidencia en los anuncios, donde al referirse al ahorro, nos presentan numeros como "ahórrate 300€ al año" para el período de tiempo más prolongado. Sin embargo, al referirse a los gastos, emplean el plazo más breve de "únicamente por 0,75€ diarios".

Aversión a la pérdida.

La angustia causada por la pérdida es el doble de intensa que la satisfacción generada por el triunfo. Tomemos como ejemplo que, a fin de equilibrar la balanza emocional tras sufrir una pérdida económica de 100€, sería necesario alcanzar una ganancia de 200€.

Kahneman argumenta que el temor frente a la posibilidad de sufrir pérdidas influye en gran medida en nuestra conducta. Nos inclinamos hacia la asunción de riesgos para evitar pérdidas en lugar de buscar ganancias.

Considere la perspectiva a largo plazo, centrándose tanto en los resultados negativos como en los positivos. No considere los costos hundidos (los cuales en economía representan los costos irrecuperables sin importar la acción que se tome). La teoría de juegos resulta sumamente interesante para examinar a profundidad y evaluar los posibles resultados.

¿Qué es la procrastinación?

En el ámbito de la Psicología, se establece que la procrastinación es un comportamiento en el que la persona, de manera voluntaria, pospone una acción a pesar de ser consciente de las consecuencias negativas que esto podría acarrear en el futuro, priorizando así la gratificación inmediata en detrimento de los beneficios a largo plazo.

En términos más accesibles, la procrastinación se refiere al acto de posponer las actividades prioritarias y esenciales en favor de actividades placenteras o tareas menos importantes o urgentes.

Procrastinación y bloqueo psicológico.

En individuos que procrastinan de forma habitual, se puede observar un nivel de ansiedad y una limitación en su capacidad para considerar adecuadamente las consecuencias a largo plazo, este fenómeno es conocido como "miopía temporal".

Cuando la tendencia a posponer las tareas se solidifica, por lo general tiene un impacto en aspectos más relevantes de la vida. En consecuencia, estamos postergando de manera recurrente el inicio, el desarrollo o la conclusión de diversas actividades.

Esta postura puede acarrear dificultades tanto en el ámbito laboral como en el ámbito social, impactando negativamente en la fe depositada en nuestras propias habilidades. De esta manera, la postergación de las responsabilidades y compromisos fundamentales obstaculiza la eficacia individual al dificultar la superación de desafíos y, consecuentemente, el logro de metas y la realización de aspiraciones y deseos. Consideremos que el fenómeno de la dilación es amplio y tiene un impacto negativo en la habilidad de tomar decisiones fundamentales en ámbitos como el académico, profesional y personal. Ante tal situación, sería provechoso indagar las causas de este obstáculo psicológico mediante la psicoterapia y proceder a superar las dificultades que impiden al individuo procrastinador avanzar.

Temor a tomar decisiones - temor a hacer elecciones.

La confluencia del temor y la tendencia a procrastinar es comúnmente observada. Ya sea que estés en la búsqueda de una nueva oportunidad laboral, entablando relaciones con personas desconocidas o emprendiendo empresas de gran importancia, te toparás inevitablemente con numerosos pretextos racionales para dilatar aquello que deseas o debes realizar debido al temor que te embarga. La postergación motivada por el temor conduce a la parálisis y la incapacidad de reaccionar por parte de los individuos.

Aunque el temor puede incidir en ocasiones, los individuos cuentan inherentemente con la facultad de adoptar decisiones. Cuando las personas manifiestan su incapacidad para tomar decisiones, lo hacen motivadas por emociones o necesidades verídicas o ficticias, con la intención de postergar la elección.

Dentro de los factores primordiales que contribuyen a la procrastinación, se presentan algunas particularidades cognitivas y emocionales.

- La falta de motivación; - La falta de energía; - La falta de diligencia; - La falta de empeño;

◉ Apatía

◉ Carácter perfeccionista: el individuo se ve incapacitado para abordar una tarea o resolver un problema si no puede ejecutarlos de manera impecable. No se experimenta nunca un sentimiento de adecuada preparación o confianza en las propias capacidades, conocimientos o habilidades.

Miedo al fracaso: muchas personas retrasan indefinidamente la realización de sus esfuerzos deseados debido a un miedo paralizante al fracaso. Esta aprehensión puede resultar ocasionalmente tan agobiante que obstaculiza cualquier tentativa, al estar fundamentada en la convicción de un probable fracaso, lo cual genera la renuncia anticipada a emprender cualquier acción.

Miedo al logro: aquellos que experimentan miedo al logro pueden ser individuos que sienten una falta de merecimiento y, por ende, experimentan sentimientos de culpa. O podría experimentar la preocupación de que las expectativas de los demás siempre se centren en sus actuaciones exitosas, lo que conlleva una gran carga de ansiedad y estrés.

🛇 Miedo a las consecuencias
Miedo a la responsabilidad
• Insurrección

Ira frecuentemente surge como una reacción ante las presiones y expectativas externas que se perciben como insoportables. Si no se le concede reconocimiento, puede transformarse en un asunto de gran magnitud, con la capacidad de extenderse a distintos aspectos de la vida.

Sin importar cuáles sean los motivos de la procrastinación, retrasar la toma de decisiones implica tomar una decisión en sí misma, la cual conlleva consecuencias, modificaciones y obligaciones. Ya sea de su agrado o no, procrastinar implica la toma de una decisión.

No obstante, resulta fundamental tener en cuenta que la aplazación rara vez constituye una solución adecuada a los problemas, sino más bien un refugio ficticio para aquellos que experimentan temor o no comprenden la relevancia de afrontar las decisiones que se les presentan en la vida.

El procrastinador.

A pesar de que ciertos aspectos patológicos o de personalidad pueden parecernos distantes, en realidad, cualquier individuo puede experimentar la tendencia a postergar tareas, perder de vista metas futuras y, por ende, convertirse en un procrastinador.

Claro está, existen individuos que de vez en cuando retrasan la ejecución de tareas, y otros que de manera constante postergan cualquier compromiso o tiempo límite. Indudablemente, en la primera persona se evidencia cierta falta de motivación; en cambio, en la segunda persona nos encontramos con la postergación de tareas. Una persona que procrastina incorpora en su vida un mecanismo de escape. Este hecho le proporciona la posibilidad de evitar el contacto con sus propias inseguridades, temores y restricciones. Al llevarlo a cabo, no se abordan numerosas preocupaciones y no se siente obligado a enfrentar las emociones inherentes a ello.

Además, existen individuos con una propensión crónica a la procrastinación, los cuales tienden a buscar la gratificación instantánea a expensas de su bienestar futuro de manera constante y en diversos aspectos de su existencia.

Procrastinación y perfeccionismo.

Como se puede apreciar en los párrafos previos, la procrastinación se fundamenta en determinadas características cognitivas. Entre estas características, se destaca el perfeccionismo, el cual se refiere a la tendencia de una persona a no poder encarar una tarea o un problema sin hacerlo de manera impecable. Rara vez experimenta una sensación de plena preparación o confianza en sus capacidades, conocimientos o habilidades.

El trayecto que conduce al perfeccionista hacia la procrastinación constituye un declive inevitable. El fundamento radica en la inclinación hacia la adopción de altos estándares. No obstante, en el caso de que dichas garantías de éxito sean deficientes, puesto que la opción de lograr algo por debajo de la perfección no resulta viable, el individuo perfeccionista experimentará una intensa incomodidad que llevará consigo la intención de ocultar sus propias imperfecciones ante sí mismo. En cierto instante, uno se enfrenta a labores que son percibidas como menos arriesgadas, dado que no están involucradas en la atribución de su propio mérito, y el tan temido quehacer se aplaza.

Tendencia a la procrastinación.

En los últimos tiempos, se ha llevado a cabo un reciente estudio que ha sido publicado en el Journal of Experimental Psychology, con la finalidad de investigar las causas subyacentes que ocasionan diferencias en la tendencia a la procrastinación entre individuos, explorando particularmente la posible influencia de factores genéticos. ¿Cuál es la interrelación entre la procrastinación y otras funciones cognitivas? En la investigación se contó con la participación de aproximadamente 380 parejas de gemelos, de las cuales la mitad fueron homocigotas (portadoras de los mismos genes con exactitud) y la otra mitad fueron heterocigotas (con un promedio del 50% de genes idénticos).

Los participantes completaron unos formularios para la evaluación de su propensión a postergar. Asimismo, llevaron a cabo numerosas acciones destinadas a la ejecución de la función. Según los datos recopilados, los investigadores llegaron a la conclusión de que existe una posible influencia genética en la tendencia a procrastinar, explicándose aproximadamente el 28% de la variabilidad de este rasgo por factores hereditarios.

Otro hallazgo digno de mención es que la inclinación hacia la procrastinación se asocia positivamente con las medidas de la capacidad de la función ejecutiva: *los procrastinadores se desempeñan mal en las pruebas de la función ejecutiva, una habilidad cognitiva crucial para manejar de manera efectiva las distracciones y las respuestas inhibitorias, así como para lograr objetivos a corto y mediano plazo. .*

La Dilación, el Estrés y la Ansiedad: La Procrastinación como una Forma Desadaptativa de Manejar el Estrés y la Ansiedad.

Se pueden identificar al menos dos modalidades distintas de procrastinación, una denominada informalmente como "Relajada" y otra conocida como "Preocupada". El individuo que muestra una actitud de procrastinación tranquila es aquel que elude las actividades o labores que son percibidas como monótonas o tediosas. Participa en diversas actividades con entusiasmo, pero una vez que la emoción de lo nuevo se desvanece, tiende a experimentar fatiga y a renunciar. En contraste, el procrastinador preocupado se caracteriza comúnmente por manifestar baja autoconfianza en sus habilidades, dificultad para gestionar el estrés y estar constantemente atormentado por una variedad de miedos e ideas irracionales que le impiden tomar acción.

En consecuencia, la procrastinación es un fenómeno psicológico que involucra la manifestación de un conjunto de emociones particulares, como la ansiedad, así como creencias asociadas a la falta de tolerancia ante la frustración, la percepción de las propias habilidades y la autovaloración.

El dominio y las convicciones asociadas a la postergación.

El proceso de postergación es todo menos simple. La realización de una tarea prioritaria de gran importancia desencadena la sensación de fatiga y estrés, así como el temor al fracaso, lo cual ocasiona un incremento en los niveles de tensión. Además, decidir no hacer frente a una prioridad no aleja a la persona del temor al fracaso; en cambio, le impone un sentimiento de culpa debido a no haber cumplido con sus responsabilidades. La dilación se inserta en este estado de confusión emocional. La idea de \\\"posponer este asunto para mañana\\\" se vislumbra en la mente como una posible salida ante esta constante presión cognitiva.

La mentalidad permisiva que gobierna la procrastinación asume una forma dual de control cognitivo y evitación. El control puede ser definido como el dilema provocado por la culpa derivada de no llevarlo a cabo y el estrés ocasionado por llevarlo a cabo. Encuentro una conciliación tranquilizadora entre las partes al confirmar mi compromiso de llevar a cabo la tarea mañana.

Estás realizando un exceso de trabajo y tu desempeño no es óptimo.

La procrastinación puede ser indicativa de una deficiencia en el manejo efectivo del tiempo, lo cual implica un exceso de carga laboral y una suboptima ejecución de las tareas.

En el caso de que continúes laborando o estudiando hasta altas horas de la noche o durante los fines de semana, inevitablemente tu mente buscará momentos de reposo, dando lugar a un patrón pernicioso en el cual a medida que incrementas tu carga de trabajo, esta se acumula de manera exponencial.

No resulta fortuito que, durante los períodos más exigentes de estudio o trabajo, nos veamos distrayendo con frecuencia utilizando plataformas como Facebook, Youtube y nuestras páginas de noticias preferidas.

Propuesta de resolución: Iniciar el proceso nuevamente mediante la adopción de pequeños pasos. Emplee la ley de Parkinson con el fin de llevar a cabo sesiones de trabajo/estudio meticulosamente planificadas y efectivas a lo largo del transcurso del tiempo. Asimismo, dedica cada día un espacio temporal a cultivar tus pasiones y a disfrutar de aquello que te brinda bienestar.

La actividad que realizas no desperta en ti entusiasmo.

Si experimentas una aversión hacia tu empleo actual o percibes una falta de dirección en tu trayectoria académica, ninguna estrategia de desarrollo personal será eficaz para ti. En consecuencia, continuarás perpetuamente posponiendo tus responsabilidades.

Resolución: Es pertinente considerar el momento de reflexionar sobre tus objetivos futuros; te sugiero que elabores un inventario de tus intereses, aquello que verdaderamente te enardece, y lo que estarías dispuesto a llevar a cabo incluso sin una compensación económica. En tanto, con el fin de abordar la situación de forma inmediata, le sugiero que ponga en práctica una de estas 7 estrategias para superar la procrastinación.

¡Precaución! Resulta sumamente sencillo renunciar a un objetivo enseguida, al pensar que no es el camino adecuado para nosotros. Antes de convencerte de que la carrera o el empleo que estás persiguiendo no es lo adecuado para ti, te insto a que te preguntes si has perdido genuinamente el interés en la meta final o si se trata simplemente de un obstáculo temporal que te induce a procrastinar (como un examen especialmente complicado o un proyecto tedioso).

No aprecias las tareas de naturaleza desagradable.

La postergación es un engaño. Siempre hallarás justificaciones para posponer tus tareas. Sin embargo, no se puede negar que en la vida existen únicamente dos aspectos: las justificaciones y los logros, y las justificaciones no conducen a ningún destino. \\\"

Sr. Roberto Antonio

A pesar de que sientes aprecio por tu ocupación actual, es frecuente que dilates la realización de tareas monótonas y repetitivas, sin considerarlo un asunto relevante.

Frecuentemente nos encontramos con la necesidad de llevar a cabo acciones que consideramos carentes de utilidad, innecesarias y generadas por una mentalidad desviada orientada hacia la burocracia. Aun el más excelente empleo del mundo puede conllevar ciertas tareas similares al polen primaveral: ineludibles, tediosas, pero indispensables (al menos para la supervivencia de las plantas).

Resolución: No fijarse en la actividad aislada; enmárcala en un contexto más amplio, pero sobre todo, considera cómo te sentirás una vez que te liberes de esta monótona tarea.

Tienes miedo.

La conjunción del temor y la postergación es frecuente.

Tanto si se trata de buscar una nueva oportunidad laboral, entablar una relación con una persona idealizada en tus sueños, o iniciar tu propio emprendimiento a pesar de los temores que quizás no te atrevas a admitir abiertamente, siempre existirán numerosas justificaciones creíbles para postergar aquello que deseas y debes llevar a cabo.

La postergación motivada por el temor es la circunstancia más adversa que puede experimentar un individuo: en vez de dedicarse a alcanzar sus metas, queda paralizado, sin capacidad de respuesta.

Solución: Es imperativo reconocer que tenemos la capacidad de actuar a pesar del miedo. De hecho, actuar a pesar de nuestros miedos es el único medio para aliviarlos.

¿Se Hereda La Procrastinación?

El doctor Skreta es un personaje ficticio que se presenta en la obra literaria titulada La despedida, escrita por el reconocido autor checo Milan Kundera. Dentro de la trama de la obra, este personaje ejerce como médico y gestiona una institución sanitaria especializada en el tratamiento de mujeres con dificultades reproductivas. El procedimiento empleado por el profesional en cuestión hacia estas mujeres se basaba en la administración de un líquido obtenido de un contenedor mediante una jeringa, el cual era posteriormente introducido en la cavidad vaginal de las pacientes. Durante un punto particular de la narración, Skreta le revela a su amigo Jakub que muchos de sus clientes no pueden concebir hijos debido a la infertilidad de sus maridos. Además, revela que la sustancia que les inyecta es en realidad su propio semen, y lo ha estado haciendo con éxito durante varios años en su aldea.

Al llegar al tramo conclusivo del libro, Jakub se encontró en un parque con un grupo de veinte niños provenientes de un jardín de infancia, y fue consciente de que numerosos de ellos exhibían atributos físicos sumamente singulares. Poseían prominentes narices, bocas amplias, utilizaban anteojos y poseían una marcada tonalidad nasal en su voz. Todas estas cualidades eran distintivas del doctor Skreta. Asimismo, es importante tener presente un encuentro previo con un infante de apariencia semejante, con progenitores que revelaron que su hijo fue un prodigio gracias a las habilidades médicas de este profesional, ya que anteriormente habían enfrentado dificultades para concebir [35].

El caso previo carece de veracidad comprobable, ya que estamos hablando de una obra literaria. Sin embargo, resulta interesante observar cómo el autor explora el concepto de la genética, al insinuar que los niños en cuestión heredaron no solo algunas características físicas del médico, sino también posibles problemas de visión que requerían el uso de gafas. En la realidad cotidiana, también se presentan diversas situaciones en las que la influencia genética se hace evidente. Un ejemplo de ello es el caso del reverendo Dodgson en la Inglaterra del siglo XIX, cuyos once hijos presentaban la característica de ser zurdos y tartamudos [36]. Entre ellos se encontraba Charles Lutwidge Dodgson, conocido como Lewis Carroll, quien se desempeñó como escritor y creó la famosa obra "Alicia en el país de las maravillas".

La genética, indudablemente, influye de manera determinante. Es poco probable que los descendientes de Dodgson hubieran optado por ser tartamudos si hubieran tenido la oportunidad de elegir. Además, es probable que también hubieran rechazado ser zurdos, ya que en aquella época esta condición se consideraba un defecto. No obstante, se vieron obligados a vivir sus vidas con estas características. Además, es innegable que existían discrepancias significativas entre ellos, dado que las alteraciones al azar en la secuencia de nucleótidos o en la estructura del ADN, denominadas mutaciones, generan disparidades entre organismos, incluso si son de ascendencia común.

No todos los descendientes del reverendo Dodgson se dedicaron a la escritura o se convirtieron en profesores de matemáticas, tal como lo hizo Carroll. Por lo tanto, se puede concluir que los factores genéticos no son los únicos determinantes en este caso. Los estímulos, el entorno y la crianza también desempeñan un papel crucial en la formación de la personalidad de los individuos, lo que resulta en diferencias significativas entre ellos. Desde un enfoque psicológico, se utiliza el término temperamento para referirse al condicionamiento genético. Cuando este factor se combina con nuestras vivencias personales, es cuando surge el concepto de personalidad. Esta última cualidad es exclusiva de cada individuo, ya que todos poseemos experiencias diferentes y, salvo en el caso de los gemelos monocigóticos, también llevamos una carga genética distinta.

Basándonos en lo expuesto previamente, abordar la interrogante acerca de si la procrastinación es susceptible de heredarse no se torna sencillo. Sin lugar a dudas, existen factores inherentes a este comportamiento que se transmiten genéticamente, así como otros que se adquieren a través de nuestras vivencias. En relación a esto, hay estudios que evidencian la existencia de una relación entre la procrastinación y factores hereditarios [37]. Según el metanálisis realizado por Steel [20], se ha constatado que un 22% de la variabilidad de la procrastinación está asociada a factores de herencia, de acuerdo con estudios en gemelos.

El párrafo anterior demuestra claramente una cantidad considerable y sugiere la influencia genética en la comprensión del fenómeno. No obstante, desde otro enfoque, se podría argumentar que los factores de índole ambiental (tales como los aspectos sociales, familiares, académicos y de crianza) poseen una influencia mayor, alcanzando un 78%.

En el transcurso de mis propias indagaciones, se me brindó la ocasión de llevar a cabo entrevistas individuales con un par de hermanas gemelas. Tenía un gran interés en observar las disparidades en su comportamiento en relación a la procrastinación; no obstante, es importante tener en cuenta que los resultados obtenidos corresponden a un caso específico y no se pueden generalizar basándose únicamente en un único par estudiado. No obstante, me encontré con respuestas fascinantes que avivaron mi interés y me instaron a realizar comparaciones en relación a los atributos de quienes posponen tareas, tales como la capacidad de trabajar en situaciones de presión, la organización, la toma de decisiones y el afán de perfección. A continuación, presento la transcripción de algunas de las interrogantes planteadas y las correspondientes respuestas recopiladas:

¿Opinas que tu rendimiento laboral se ve favorecido en situaciones de presión?

– Gemelo 1: Sí, porque es como mi cerebro... Es decir, las ideas fluyen más rápido para mí bajo presión.

– Gemela 2: No tengo habilidad para desempeñarme eficientemente en situaciones de presión laboral. Por consiguiente, me esfuerzo por mantener una organización óptima en todos los aspectos.

¿Eres ordenado o desordenado?

– Gemela 1: Carece de organización. En otras palabras, soy una persona organizada en mi vida personal, pero tiendo a ser desorganizada en lo que respecta a lo físico, como por ejemplo, mi habitación que suele estar desordenada.

– Gemela 2: Tengo una inclinación hacia la organización.

¿Te cuesta tomar decisiones?

– Compañera 1: Considerablemente, cuando sintonizo la televisión, cambio frecuentemente de canal, mientras mi hermana opta por uno y se queda allí. En el momento en que nos dedicamos a realizar las tareas asignadas, ella culmina su labor con anterioridad, mientras que yo constantemente me preocupo por mejorar los aspectos de la mía y no me siento satisfecho hasta que llega el momento de entregarla. Ella la concluye y ya.

– Gemela 2: No, generalmente tomo decisiones rápidamente.

¿Experimentas una modificación de tu personalidad cuando te sientes abrumada por las responsabilidades?

- Gemela 1: No, no poseo una disposición negativa. Experimento ansiedad y procuro aliviarla mediante el uso del humor. No suelo dar respuestas inapropiadas debido a mi aversión hacia ellas. Siempre considero que preferiría que, en el caso de que alguien esté experimentando estrés, no lo transmita directamente hacia mí.

– Gemela 2: Sí, les comunico a las personas que no deseo entablar conversación con ellas, que eviten mantener contacto visual conmigo y que se abstengan de dirigirse a mí. ¡Déjenme quieta!

Las respuestas proporcionadas revelan una notable distinción respecto a aspectos como la capacidad para trabajar bajo presión, la organización, la toma de decisiones y el nivel de perfeccionismo, siendo en su mayoría explícitas con la excepción del perfeccionismo, que se revela implícitamente en la penúltima pregunta. Asimismo, se puede apreciar mediante las respuestas que, de igual manera, la Gemela 1 exhibe rasgos más extrovertidos. En relación a este tema, se ha llevado a cabo una investigación (referenciada como [38]) que sostiene que la procrastinación de tipo arousal puede ser explicada por el incremento de la extraversión.

Es posible derivar conclusiones específicas en relación a las gemelas que fueron entrevistadas. Si nos vemos obligados a seleccionar la que muestra una mayor tendencia a la procrastinación, es probable que la mayoría opte por la Gemela 1. Incluso las propias gemelas están de acuerdo con esa apreciación, aunque siendo honesto, en los primeros instrumentos utilizados esta característica nunca se evidenció. Fue necesario llegar a las entrevistas con el fin de evaluar sus respuestas y tomar una postura fundamentada. No obstante, dicha apreciación no es definitiva en absoluto.

Las investigaciones han revelado que entre las características comunes de los procrastinadores se encuentran la dificultad en la toma de decisiones, la falta de organización, el perfeccionismo, la tendencia a la extraversión y la capacidad de trabajar bajo presión. Sin embargo, no existe una conclusión definitiva sobre cómo estas características se relacionan con el carácter de una persona. En relación a estas gemelas, la que designé como número uno exhibió de manera extensa las mismas características. En cuanto a su temperamento, se observó una mayor serenidad, lo cual podría ser un factor relevante relacionado con la tendencia a postergar tareas. Sin embargo, sería necesario realizar una investigación más exhaustiva al respecto, aunque paradójicamente estoy casado con una gemela y no dispongo de una muestra poblacional suficiente en este sentido.

Tal como he señalado previamente, resulta inválido inferir conclusiones a partir de un único estudio de parejas. No obstante, la evaluación de esta muestra sugiere que el factor genético, aunque considerablemente destacado en lo que concierne al aspecto físico en cuestión, aparenta tener una menor incidencia en ciertos atributos de la personalidad relacionados con la procrastinación. Esta particularidad podría deberse a las experiencias individuales de cada sujeto. Según lo expuesto por el doctor Daniel López Rosetti en su obra literaria titulada Equilibrio, se puede afirmar que la genética ejerce una influencia determinante, pero no definitiva [39].

El Modelo De Transformación

Una de las frustraciones más comunes de la vida que la mayoría de las personas reconocen y declaran en algún momento de sus existencias, es algo de este calibre:

Desde una temprana edad, adquirí de mi padre la enseñanza de que no se puede alcanzar la plenitud en todos los aspectos de la vida y que, en diversos momentos, me veré obligado a tomar decisiones entre diferentes opciones.

Deseo abordar este tema en este capítulo,ya que considero su importancia esencial. Además, debo reconocer que esta enseñanza me fue transmitida por mis progenitores.

Con el transcurso del tiempo, ha surgido cierto grado de contrariedad, lo cual enfatiza la importancia de poder presentarles una perspectiva más imparcial y precisa acerca de las opciones disponibles en la vida de las personas.

El enfoque de cambio

Opino que la manera más efectiva de transmitir y explorar exhaustivamente el potencial de las oportunidades es a través de la presentación de esta gráfica, que personalmente me asistió en la comprensión global del tema. Es la que, inclusive, comparto con mis clientes y denomino el Modelo de Transformación.

La lectura de este modelo se realiza en sentido ascendente, comenzando desde la parte inferior.

A continuación, procederemos a examinar minuciosamente los 6 componentes del modelo de Transformación con el propósito de comprender su funcionamiento y apreciar cómo esta perspectiva nos coloca en una posición de privilegio como protagonistas, conquistadores y arquitectos del porvenir.

"LA EXPOSICIÓN DEL MODELO DE TRANSFORMACIÓN:

UNO: HABILIDADES Y CAPACIDADES

En esta ocasión, me referiré de manera específica a que, en última instancia, cada individuo que llega a este mundo posee características únicas y distintivas. Estas particularidades están codificadas en el material genético de cada persona y de ellas emanan talentos y habilidades específicos, incluso en una combinación porcentual singular. Y esta es la instancia en la que todo se inicia.

De ahí que resulta poco saludable que los progenitores aspiren a establecer el rumbo que sus hijos deben seguir en su vida adulta, pues cada nuevo ser humano llega al mundo con un propósito divino intrínseco, expresado a través de sus dones y talentos inherentes.

DOS: PROPÓSITO Y FUNCIONES

A medida que nos desarrollamos y nos acercamos a la edad de 12 a 16 años, surgirán indicios de nuestra vocación o propósito de vida. Al mismo tiempo, nuestros roles familiares se establecerán y se verán influenciados por nuestra familia de origen.

En realidad, desde temprana edad todos tenemos la capacidad y la ocasión de ocupar diversas funciones simultáneamente, tales como ser hijo, hermano, sobrino, novio, estudiante y creyente.

En esta etapa se puede observar que a lo largo de la juventud, se nos presentan indicios y ocasiones en las que nuestro propósito se muestra, por lo tanto, es fundamental mantenernos receptivos para escuchar y reconocer estas señales. Y simultáneamente, desde una edad temprana, se nos presenta y se nos enseña que es posible ocupar con éxito múltiples roles al mismo tiempo.

TRES: MENTALIDAD

La mentalidad es el tercer componente, si bien su naturaleza es intrínseca, considerando que nuestra perspectiva o paradigmas son incesantemente cultivados y moldeados desde nuestra concepción.

La mentalidad se refiere a los marcos conceptuales que poseemos, a nuestra cosmovisión, principios fundamentales, convicciones y modo de expresión verbal.

En este contexto, es importante destacar dos consideraciones: en primer lugar, nuestra manera de pensar es el producto exclusivo de las influencias recibidas a través de la información, experiencias y propuestas durante nuestros primeros 15 o 20 años de vida, quedando evidentemente condicionada por nuestra familia y entorno cercano. Y a partir de esta situación, será difícil para nosotros alcanzar un estado de prosperidad y abundancia si nuestros seres queridos o nuestro entorno no lo experimentan.

Y el segundo punto es que, notablemente, así como nuestros padres y familiares contribuyeron a moldear nuestra mentalidad actual, también tenemos la capacidad de asumir la responsabilidad y reinventarla por completo para desarrollarla de acuerdo con lo que realmente deseamos, merecemos y deseamos. son capaces de.

CUATRO: INTENCIÓN

La intención es lo que considero el componente imperceptible, resulta sorprendente cómo la gran mayoría de las personas demoramos considerablemente en reconocer el potencial de este elemento, a pesar de su presencia constante en nuestras vidas desde el momento mismo de nuestro nacimiento.

La intención se refiere a nuestros motivos ocultos, que constituyen las verdaderas razones detrás del propósito y significado de las cosas.

Este es el concepto al que hace referencia la Biblia cuando menciona: "

Por encima de todo, procura cuidar de tu corazón, ya que de él brota la vitalidad. Donde se encuentre tu corazón, se encontrará tu tesoro.

Las intenciones se caracterizan por su naturaleza imperceptible, etérea, intrínseca y de gran influencia, siendo estas las motivaciones subyacentes que impulsan nuestras acciones y afectos hacia los individuos o situaciones.

A modo de ilustración, consideremos a dos individuos que expresan su deseo de alcanzar la riqueza. Una de ellas afirma que lo desea debido a que le brindará finalmente la oportunidad de adquirir todos los elementos que ha anhelado durante mucho tiempo, tanto para sí misma como para proporcionar una vivienda a su madre. Por otro lado, sostiene que su verdadero deseo es adquirir riqueza considerable para brindar asistencia a las personas de bajos recursos y aquellos en situaciones de mayor vulnerabilidad.

Sin embargo, dada la indiferencia del universo hacia la compasión y las falsedades (intenciones erróneas), se concede lo que se busca al primero, mientras que al segundo se le niega. Aquel a quien no se le concede es precisamente porque oculta su AUTÉNTICO PROPÓSITO de buscar su propia felicidad, a pesar de que sus palabras parecen agradables en apariencia.

Con el fin de informarte, deseo destacar que muchas veces no logramos alcanzar ciertos aspectos en nuestras vidas no por falta de capacidad para expresar nuestras intenciones y deseos, sino más bien debido a que los hemos formulado desde una perspectiva inadecuada, o en términos bíblicos, desde un corazón imbuido de egoísmo.

Cinco: Acción SLP - Un anuncio formal de una acción o evento que se lleva a cabo en la región SLP.

Este componente representa la manifestación tangible y perceptible de todo el proceso, pero su relevancia y valor son igualmente imprescindibles, ya que sin él resulta inviable materializar todos nuestros deseos y aspiraciones en el ámbito físico.

La acción se relaciona con nuestra movilidad y actividad constante, demostrando que somos agentes activos y emprendedores que diariamente forjamos un camino hacia un futuro donde materializamos nuestras elecciones y sueños.

Además, nuestro SLP encarna la organización, la estructura y las estrategias necesarias para armonizar nuestra esencia divina y facilitar nuestra capacidad para alcanzar la felicidad y el éxito en todas las facetas de nuestra existencia.

Aprender A Decir No

La principal justificación para adquirir la habilidad de rechazar amablemente las solicitudes de otras personas reside en el incremento de la eficiencia y efectividad a nivel individual. Si usted es propenso a acceder a las solicitudes de los demás, se percatará de que no logrará llevar a cabo ninguna tarea eficientemente debido a la falta de concentración y la abrumadora carga de trabajo, lo que resultará en la disminución de su productividad.

Esta estrategia se presenta como posiblemente la manera más sencilla de incrementar su productividad, pues simplemente requiere aprender a negarse. No obstante, la simplicidad no resulta siempre sencilla, sobre todo al confrontar la necesidad de rechazar a otros y potencialmente defraudarlos. A continuación, se presentan algunas estrategias eficaces para adquirir una mayor comodidad al expresar negativas a las personas.

La regla de los cinco segundos

De acuerdo a lo expuesto en una sección previa, es altamente recomendable adherirse al principio de los 5 segundos, ya que esto puede resultar sumamente beneficioso en términos de superar la procrastinación y aumentar la eficiencia laboral. Como recordatorio, la espera de más de cinco segundos para realizar una acción contribuye significativamente a la complejidad de la ejecución de dicha acción.

Al abordar el aprendizaje de la habilidad de negarse, es crucial dejar a un lado cualquier inquietud o preocupación acerca de la posible reacción o sentimientos de la otra persona y simplemente ejecutar la acción de negarse. Es necesario que uno se encargue de sus propias responsabilidades antes de asumir compromisos y ofrecer ayuda a los demás. En consecuencia, cuando se trata de manifestar una negativa, hágalo de manera oportuna, preferiblemente en los primeros cinco segundos de la solicitud.

Sea un objeto de ladrillo revestido con tela de terciopelo

Tener una fachada impenetrable que oculta una naturaleza compasiva es lo que significa ser un ladrillo cubierto de terciopelo. En resumen, adoptar una actitud diplomática permite transmitir información delicada de manera que se reduzca al mínimo la posibilidad de causar daño emocional a las personas.

Por ejemplo, si un colega solicita su colaboración para asistir con un informe que debe presentar al jefe dentro de una hora, pero usted también se encuentra ocupado finalizando sus propios proyectos, en vez de comunicar de forma directa: "No, tengo mis propias tareas que concluir". Lamentablemente, debo informar que también debo finalizar un informe para el superior durante el horario del almuerzo. Aunque desearía sinceramente poder brindarte asistencia, lamento informarte que eso tendría un impacto negativo en mi agenda. Lamento profundamente informarle que, en esta ocasión, debo declinar.

Mediante una comunicación sutil pero clara, puede afirmar a su colega que, si bien reconoce su valor y disposición a colaborar, debe enfocarse en sus propias responsabilidades en este momento, aunque esté abierto a brindarle asistencia en un futuro. No obstante, es importante tener en cuenta que un timbre de voz suave también puede contribuir a suavizar las respuestas más desafiantes.

Adquiera conocimiento acerca de sus adversarios.

Lamentablemente, ciertas personas poseen habilidades avanzadas en el empleo de tácticas de manipulación y coacción emocional con el fin de lograr que los individuos actúen de acuerdo a sus deseos. Sin importar si se realiza de forma intencional o inconsciente, es imprescindible desarrollar la capacidad de resistirse a ser objeto de manipulación o chantaje emocional con el fin de evitar ceder sistemáticamente bajo la premisa de decir \\\"sí\\\", a costa de comprometer la propia productividad personal. Cuanto más se familiarice con las diversas tácticas de manipulación que las personas pueden emplear, mayores serán sus habilidades para rechazarlas.

Lánzala de vuelta

Una de las formas más efectivas de expresar una negativa sin hacerlo de manera directa es inducir en la persona una sensación de responsabilidad ante las posibles consecuencias que podría enfrentar al dar su consentimiento. ¿Cómo funciona esto? Supongamos que su colega insiste en que usted se haga cargo del proyecto que le han asignado para los próximos días, ya que necesita tomarse algunos días de descanso. En lugar de insistir en una respuesta negativa con tono de voz irritado a la solicitud, puede rechazarla de manera más cortés diciendo algo como: "De acuerdo, Tom, con gusto te ayudaré". No obstante, con el fin de lograr esto, sería necesario diferir la labor en uno de mis proyectos principales durante esta semana, lo cual podría ocasionar un retraso sustancial en la entrega de la cartera de proyectos, situándome en una situación complicada. ¿En cuál de mis proyectos me sugieres que suspenda mi trabajo para poder complacerte?

Solo aquellos individuos carentes de empatía e inteligencia no serán capaces de percatarse de esta realidad y comportarse en consecuencia. En caso de que haya una remota posibilidad de que la persona que le está incomodando sea esa misma persona, le sugiero que recurra a la regla de los 5 segundos y se retire educadamente.

www.ingramcontent.com/pod-product-compliance
Lightning Source LLC
Chambersburg PA
CBHW050420120526
44590CB00015B/2036